Gang-Labourot-Lerolle

Soleil

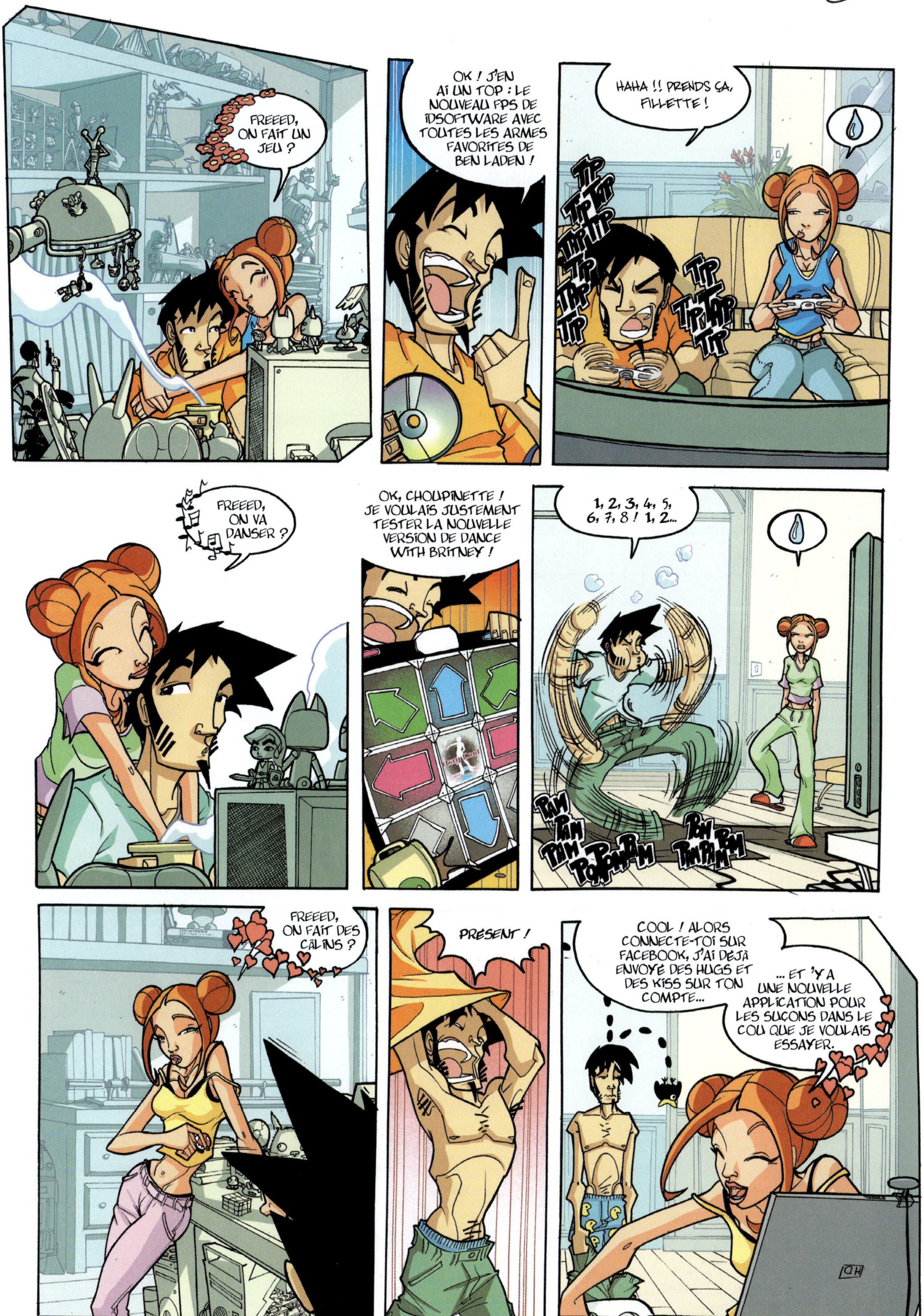
FREEED, ON FAIT UN JEU ?
OK ! J'EN AI UN TOP : LE NOUVEAU FPS DE IDSOFTWARE AVEC TOUTES LES ARMES FAVORITES DE BEN LADEN !
HAHA !! PRENDS ÇA, FILLETTE !
TIP TIP TAP TIP TAP TIP TAP TIP TIP TIP TAP TIP
FREEED, ON VA DANSER ?
OK, CHOUPINETTE ! JE VOULAIS JUSTEMENT TESTER LA NOUVELLE VERSION DE DANCE WITH BRITNEY !
1, 2, 3, 4, 5, 6, 7, 8 ! 1, 2...
PAM PAM PAM POPOMPAM POM PAMPAM PAM
FREEED, ON FAIT DES CÂLINS ?
PRESENT !
COOL ! ALORS CONNECTE-TOI SUR FACEBOOK, J'AI DÉJÀ ENVOYÉ DES HUGS ET DES KISS SUR TON COMPTE...
... ET 'Y A UNE NOUVELLE APPLICATION POUR LES SUÇONS DANS LE COU QUE JE VOULAIS ESSAYER.

02/Grosse fatigue

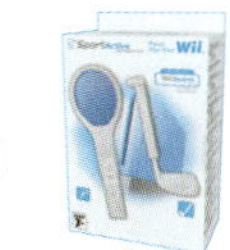

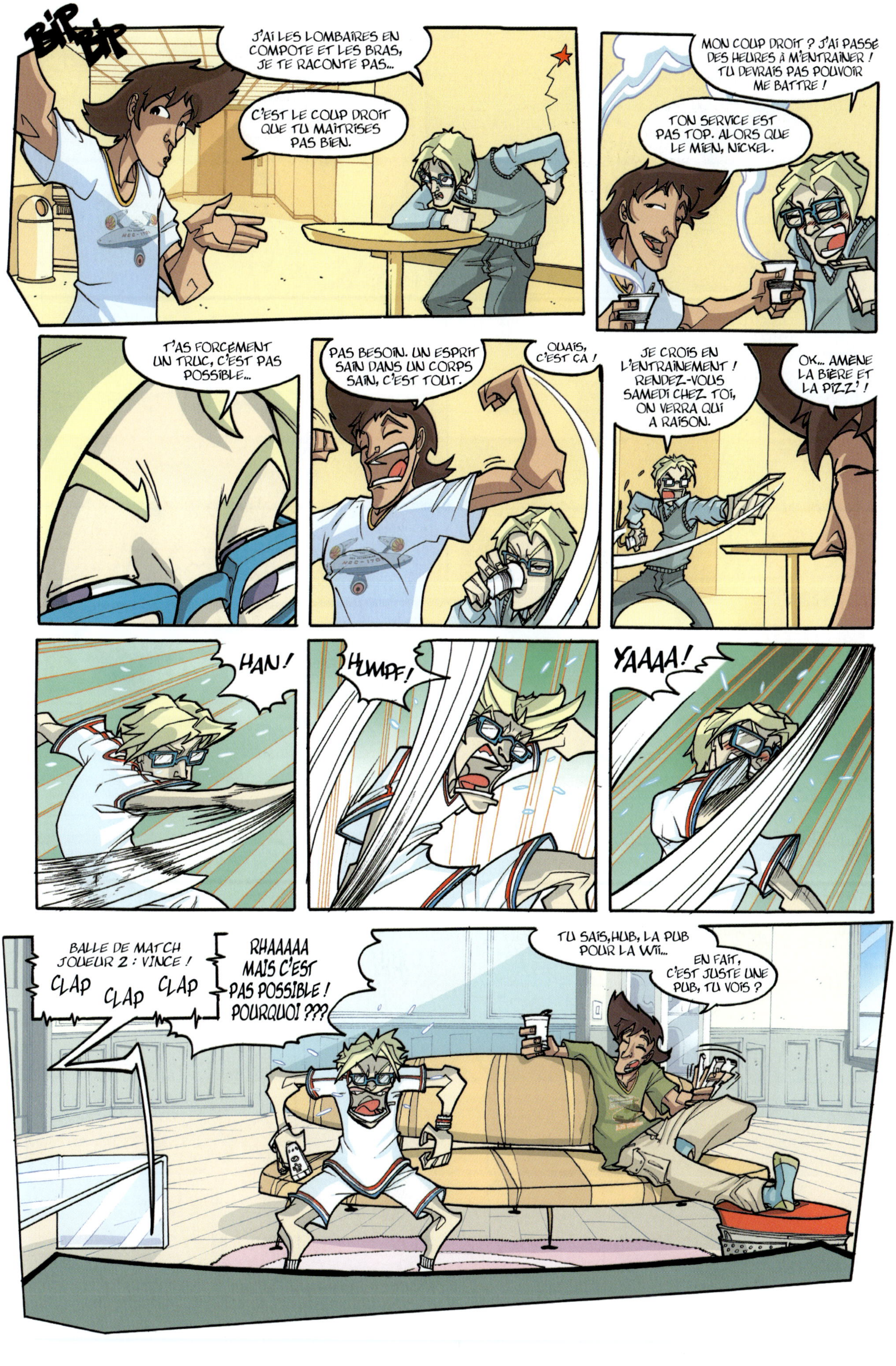
BIP BIP
J'AI LES LOMBAIRES EN COMPOTE ET LES BRAS, JE TE RACONTE PAS...
C'EST LE COUP DROIT QUE TU MAÎTRISES PAS BIEN.
MON COUP DROIT ? J'AI PASSÉ DES HEURES À M'ENTRAINER ! TU DEVRAIS PAS POUVOIR ME BATTRE !
TON SERVICE EST PAS TOP. ALORS QUE LE MIEN, NICKEL.
T'AS FORCÉMENT UN TRUC, C'EST PAS POSSIBLE...
PAS BESOIN. UN ESPRIT SAIN DANS UN CORPS SAIN, C'EST TOUT.
OUAIS, C'EST ÇA !
JE CROIS EN L'ENTRAINEMENT ! RENDEZ-VOUS SAMEDI CHEZ TOI, ON VERRA QUI A RAISON.
OK... AMÈNE LA BIÈRE ET LA PIZZ' !
HAN !
HUMPF !
YAAAA !
BALLE DE MATCH JOUEUR 2 : VINCE !
CLAP CLAP CLAP
RHAAAAA MAIS C'EST PAS POSSIBLE ! POURQUOI ???
TU SAIS, HUB, LA PUB POUR LA Wii...
EN FAIT, C'EST JUSTE UNE PUB, TU VOIS ?

04/Rien à voir

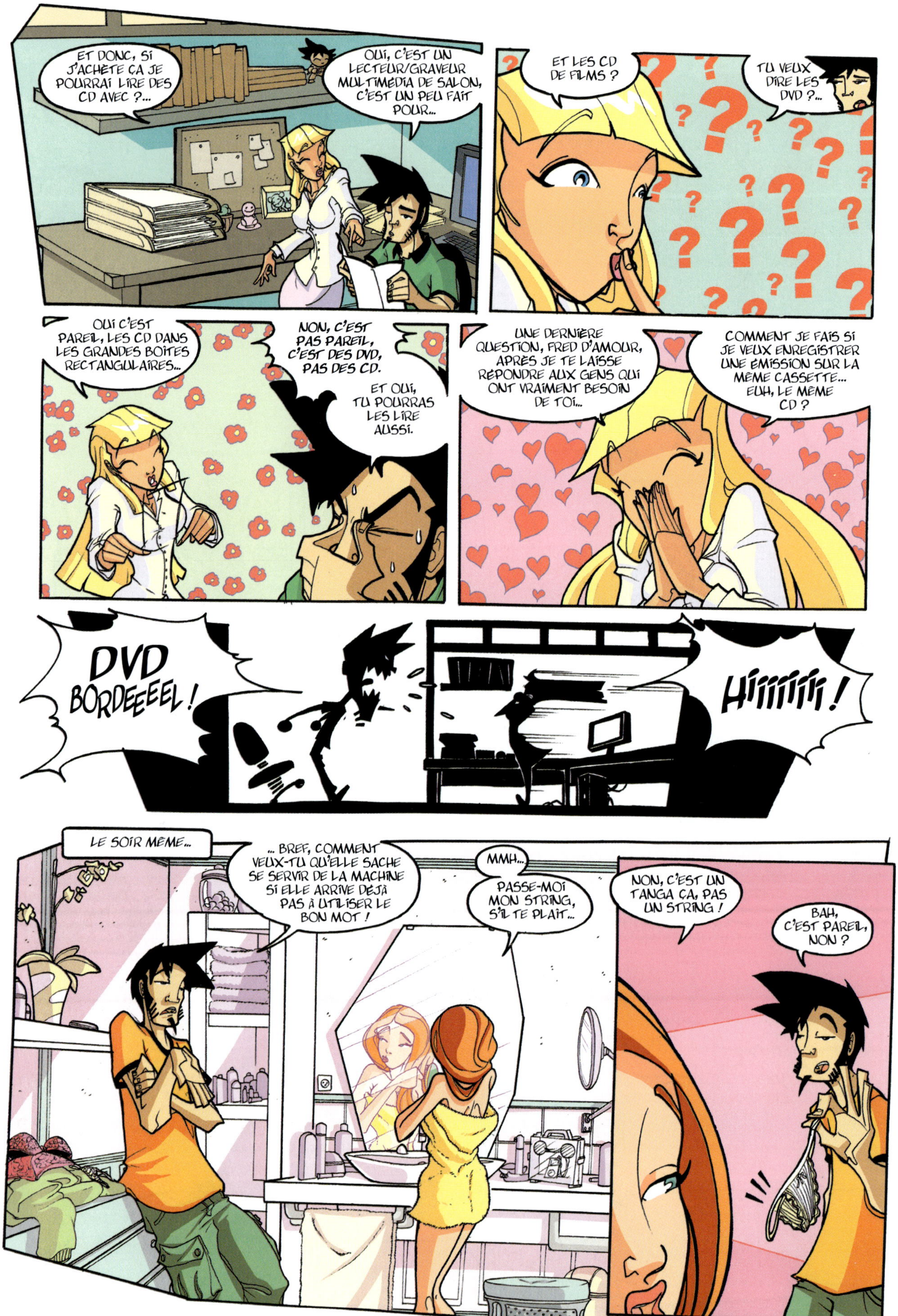

MWHAAAA
POC
TRIDILILI POU POU PIDOU...
FROT FROT FROT FROT
AAAAH !
SE METTRE À L'AISE APRÈS UNE JOURNÉE DE BOULOT, LE PIED !
POC
LALALALALALA LALALALALALA LALA LALALALALALA LALA*
GRUNF CROC
CROC SLURP MIAM SLURP
*PAROLES ET MUSIQUE DE YAEL NAIM
POM POM PWIEE
ÇA VA, MON AMOUR ?
TU FAIS QUOIIIIIII ?
POC
MAIS ÇA VA PAS LA TÊTE ?!? C'EST PAS UN DÉPOTOIR ICI !
T'ES COMPLÈTEMENT INCONSCIENTE, MA PAUVRE FILLE ! ET SI TA BOUTEILLE S'OUVRE ET SE RENVERSE SUR MON CLAVIER, HEIN ?
TU POURRAIS FAIRE UN PETIT EFFORT, MERDE, C'EST MON BUREAU !

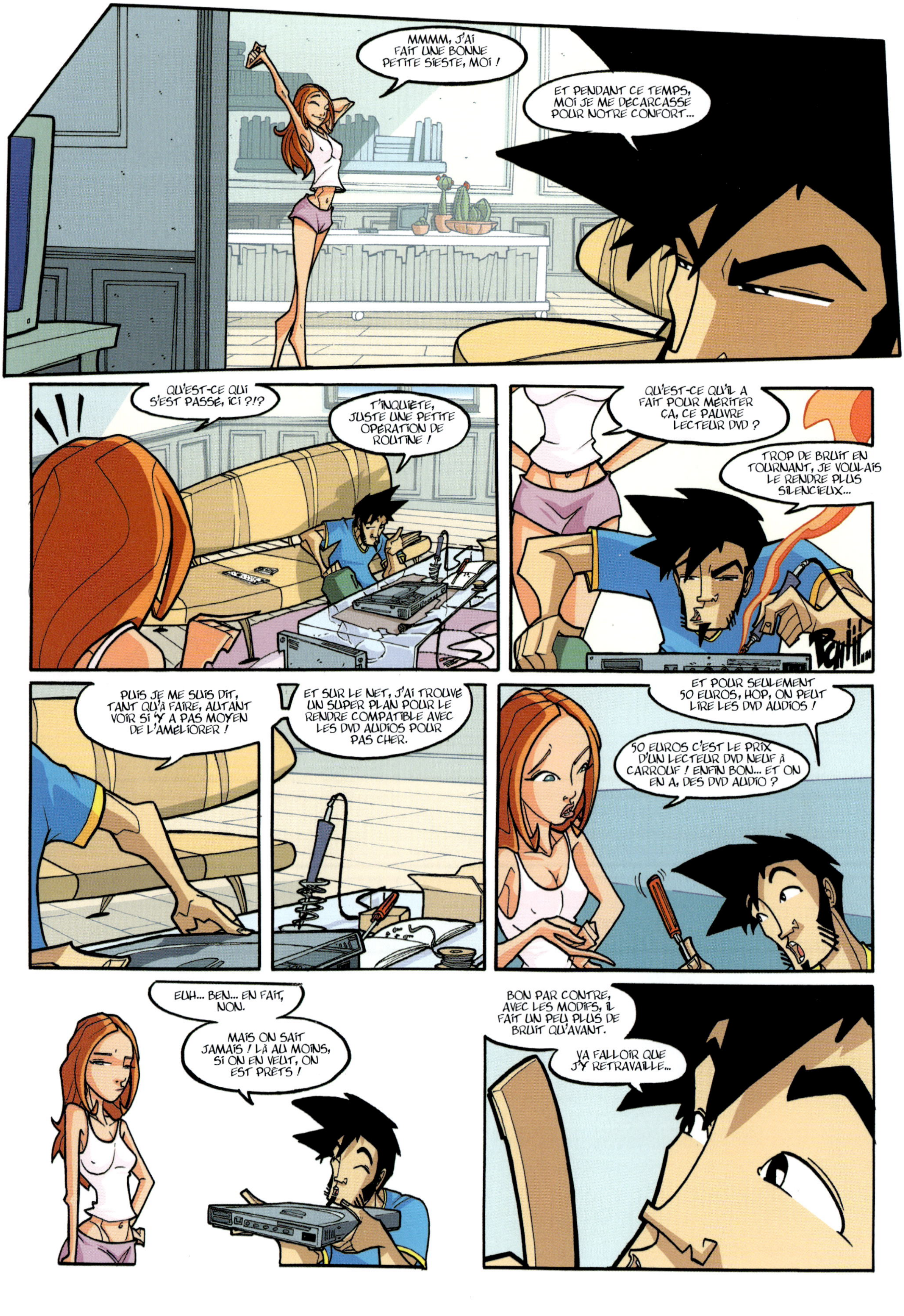
MMMM, J'AI FAIT UNE BONNE PETITE SIESTE, MOI !
ET PENDANT CE TEMPS, MOI JE ME DÉCARCASSE POUR NOTRE CONFORT...
QU'EST-CE QUI S'EST PASSÉ, ICI ?!?
T'INQUIÈTE, JUSTE UNE PETITE OPÉRATION DE ROUTINE !
QU'EST-CE QU'IL A FAIT POUR MÉRITER ÇA, CE PAUVRE LECTEUR DVD ?
TROP DE BRUIT EN TOURNANT, JE VOULAIS LE RENDRE PLUS SILENCIEUX...
PUIS JE ME SUIS DIT, TANT QU'À FAIRE, AUTANT VOIR SI Y A PAS MOYEN DE L'AMÉLIORER !
ET SUR LE NET, J'AI TROUVÉ UN SUPER PLAN POUR LE RENDRE COMPATIBLE AVEC LES DVD AUDIOS POUR PAS CHER.
ET POUR SEULEMENT 50 EUROS, HOP, ON PEUT LIRE LES DVD AUDIOS !
50 EUROS C'EST LE PRIX D'UN LECTEUR DVD NEUF À CARROUF ! ENFIN BON... ET ON EN A, DES DVD AUDIO ?
EUH... BEN... EN FAIT, NON.
MAIS ON SAIT JAMAIS ! LÀ AU MOINS, SI ON EN VEUT, ON EST PRÊTS !
BON PAR CONTRE, AVEC LES MODIFS, IL FAIT UN PEU PLUS DE BRUIT QU'AVANT.
VA FALLOIR QUE J'Y RETRAVAILLE...

BIP BIP
SALUT, HERVÉ.
SALUT. ALORS, TU L'AS FAIT CE TATOO ?
YOP !
WC
DON'T MAKE ME GO ZELDA ON YOU
geek inside
BIP BIP
OUAIP !
COOL.
VAS-Y, FAIS VOIR !
ATTENDS, D'ABORD JE VOUS EXPLIQUE MON CHOIX...
AH...
EN FAIT, AU DÉBUT, JE COMPTAIS FAIRE L'ŒIL DE SAURON, MAIS JE ME SUIS DIT QUE C'EST TROP CLICHÉ.
APRÈS J'AI PENSÉ AU PINGOUIN DE LINUX, MAIS BON C'EST UN PEU RINGARD.
'Y AVAIT AUSSI LE SMILEY AVEC MON NOMBRIL QUI FERAIT UN ŒIL, MAIS C'EST CHEAP.
ALORS FINALEMENT ÇA M'A SEMBLÉ ÉVIDENT.
VIVE LE HTML !
</head>
<body>

Soldes
-50%
-70%
-30%
SOLDES
-50%
-30%
-60%
-70%
-20%
-50%
JE SUIS VRAIMENT CONTENTE QU'ON AILLE FAIRE LES SOLDES ENSEMBLE, POUR UNE FOIS, MON AMOUR !
ON COMMENCE PAR MOI ?
BD Art
OK ! DE TOUTE FAÇON, MOI, J'ACHÈTE TOUT AU MÊME ENDROIT.
LAQUELLE TU PRÉFÈRES ?
LA VERTE !
COL DROIT OU COL EN V ?
CHAIS PAS. EN V ?
BIP BIP
ET ÇA, C'EST PAS MAL, NON ?
T'ES SÛRE QU'IL EST NEUF ?
C'EST PAS TROP TAILLE BASSE, LÀ ?
GRMBLF
BEN TU VOIS, ÇA N'A PAS ÉTÉ TROP LONG !
À MON TOUR MAINTENANT...
ALORS, ET LE DISQUE DUR ? MAXTOR OU SEAGATE ?

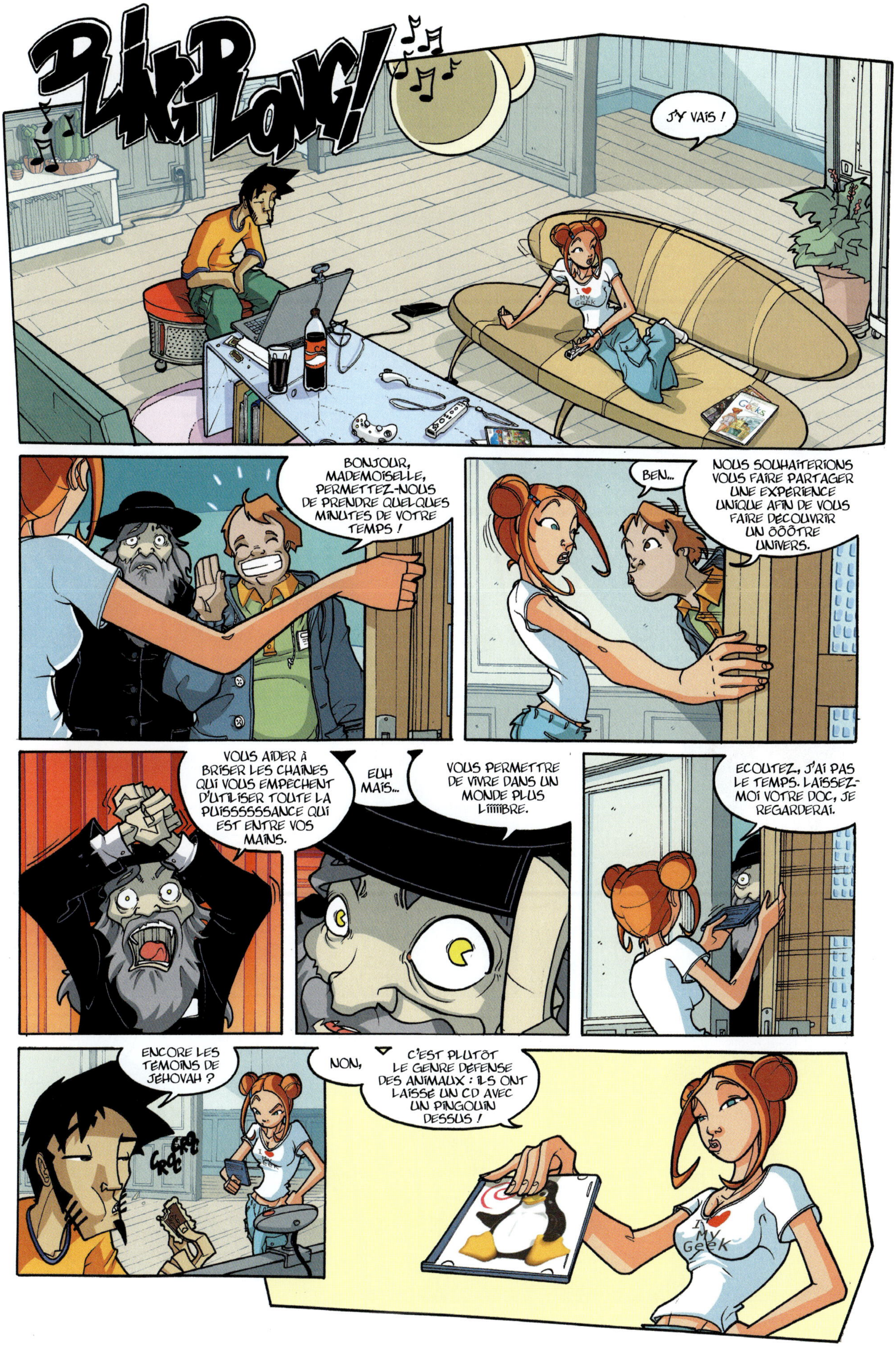
DING DONG!
J'Y VAIS !
BONJOUR, MADEMOISELLE, PERMETTEZ-NOUS DE PRENDRE QUELQUES MINUTES DE VOTRE TEMPS !
BEN...
NOUS SOUHAITERIONS VOUS FAIRE PARTAGER UNE EXPÉRIENCE UNIQUE AFIN DE VOUS FAIRE DÉCOUVRIR UN ÔÔÔTRE UNIVERS.
VOUS AIDER À BRISER LES CHAÎNES QUI VOUS EMPÊCHENT D'UTILISER TOUTE LA PUISSSSSSANCE QUI EST ENTRE VOS MAINS.
EUH MAIS...
VOUS PERMETTRE DE VIVRE DANS UN MONDE PLUS LIIIIIBRE.
ÉCOUTEZ, J'AI PAS LE TEMPS. LAISSEZ-MOI VOTRE DOC, JE REGARDERAI.
ENCORE LES TÉMOINS DE JÉHOVAH ?
NON,
C'EST PLUTÔT LE GENRE DÉFENSE DES ANIMAUX : ILS ONT LAISSÉ UN CD AVEC UN PINGOUIN DESSUS !

0a/Iphone maison

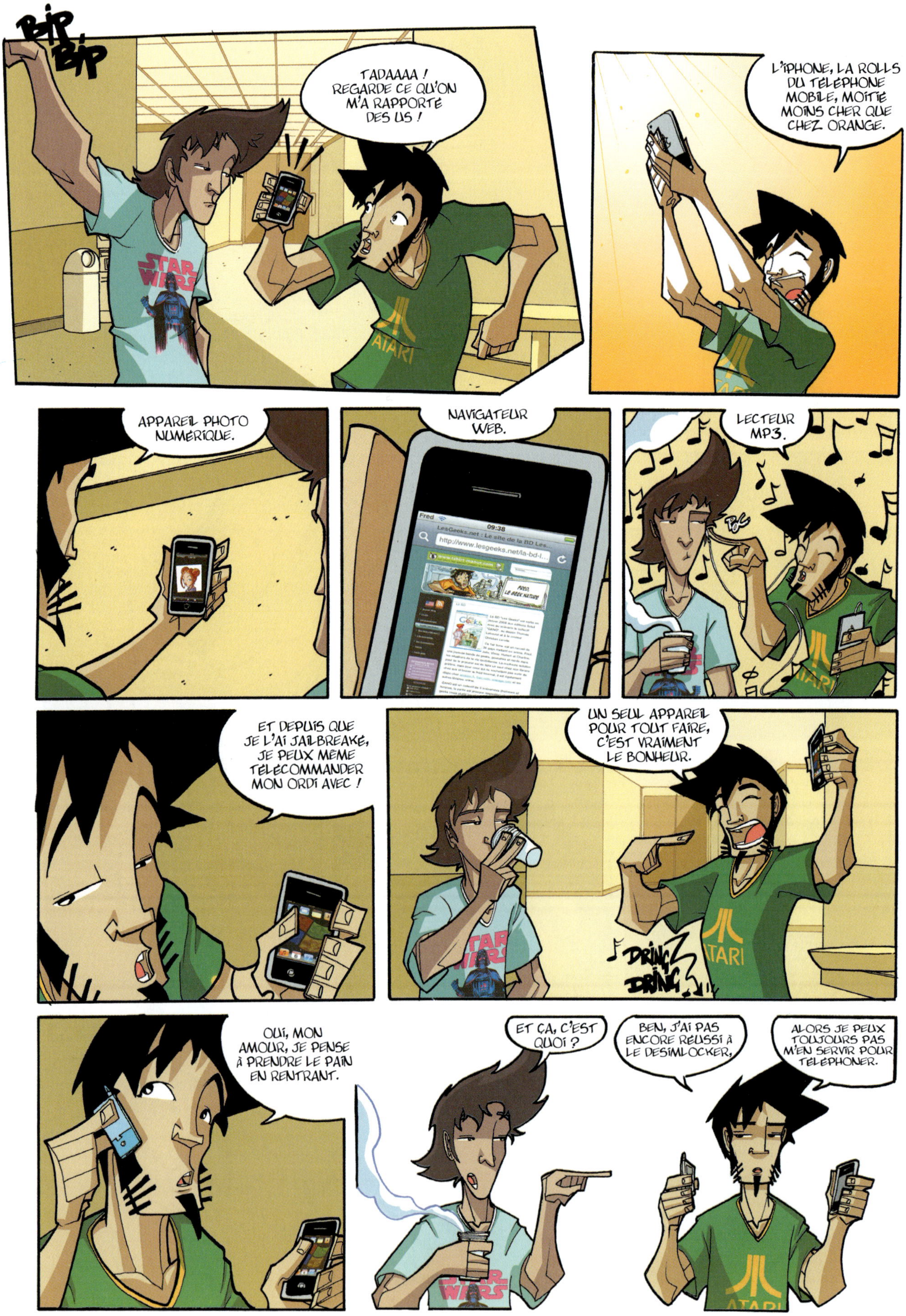

TIENS ! T'AS UN IPOD NANO, MAINTENANT ? JE CROYAIS QUE T'AVAIS PRIS UN IPHONE POUR AVOIR TOUT EN UN ?
POUR ALLER COURIR C'EST UN PEU GROS L'IPHONE, ET PUIS FINALEMENT DANS LE MÉTRO C'EST PRATIQUE AUSSI, LE NANO...
WOUAAAAH ! LA CLASSE !
MAIS TU VIENS PAS D'ACHETER UN IPHONE POUR AVOIR UN APPAREIL PHOTO SOUS LA MAIN TOUT LE TEMPS ?
BAH, AU FINAL LA QUALITÉ DES PHOTOS DE L'IPHONE, C'EST PAS VRAIMENT ÇA. LÀ JE VAIS POUVOIR EN FAIRE DE VRAIES BELLES.
UN NOUVEAU PORTABLE ?!? T'AS TOUJOURS PAS DÉBLOQUÉ LA FONCTION TÉLÉPHONE DE TON IPHONE ?
SI, MAIS L'IPHONE RENTRE PAS DANS MA POCHE, C'EST PAS PRATIQUE.
LÀ, C'EST LE PLUS PETIT DU MARCHÉ, IL EST HALLUCINANT !
BIBIBI BIBIBI !!...
COUCOU, MON AMOUR, JE SUIS DE RETOUR !
ALORS CE SHOPPING, T'AS PAS DÉPENSÉ TOUS NOS SOUS CETTE FOIS ?
ENCORE UN SAC ! ET DES CHAUSSURES !
BEN OUI, J'AVAIS BESOIN D'UN GROS SAC POUR POUVOIR METTRE MON ORDI DEDANS ! ET DU COUP, IL A BIEN FALLU QUE JE PRENNE DES CHAUSSURES GRISES POUR ALLER AVEC, EN PLUS J'EN AI PAS BEAUCOUP À TALONS.
DINGUE, CE QUE VOUS ÊTES CAPABLES D'INVENTER COMME JUSTIFICATIONS À DEUX BALLES POUR VOUS ACHETER PLEIN DE TRUCS SUPERFLUS !
C'EST HALLUCINANT, LES FILLES !

ACCESS DENIED
RAHH, PAS LE BON PASSWORD !
TAPTAPTAP
NON PLUS... ÇA VA ME REVENIR, ATTENDS...
ACCESS DENIED
COMMENT ON PEUT OUBLIER SON PROPRE MOT DE PASSE ?!?
ACCESS DENIED
ZUTRE...
UN BON PASSWORD, ÇA DOIT ÊTRE DUR À CRAQUER.
DONC JE METS PLEIN DE LETTRES ET DE CHIFFRES, MAJUSCULES, MINUSCULES...
MOI J'EN AI UN PAR COMPTE MAIS ILS SONT FACILES À RETENIR.
PAREIL...
... UN PAR COMPTE, MAIS LÀ JE SAIS PLUS LEQUEL C'EST !
TU LES AS PAS NOTÉS QUELQUE PART ?
BEN SI, SUR CE SERVEUR...
MAIS JE TROUVE PLUS LE MOT DE PASSE !
ACTIVISION

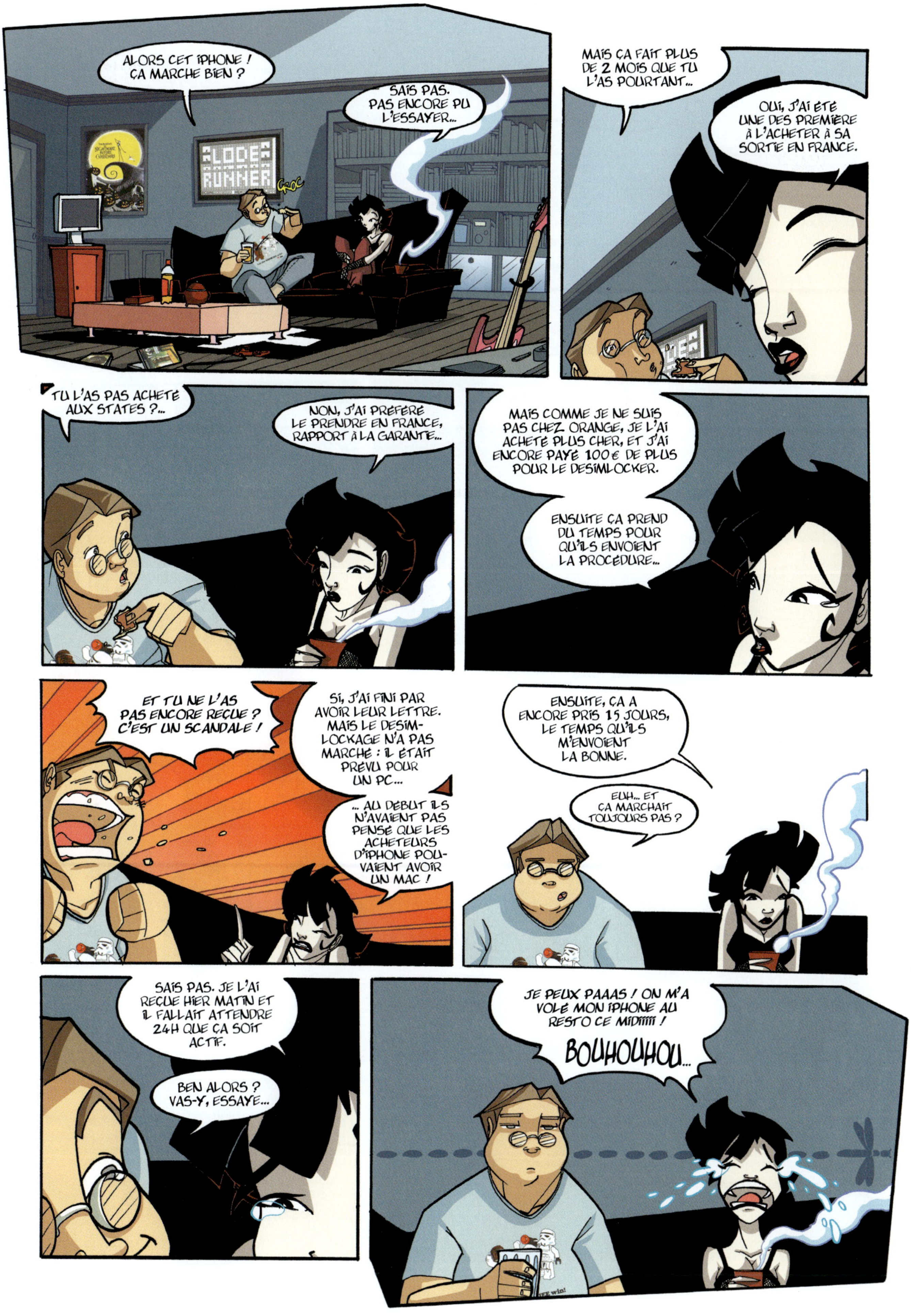
ALORS CET IPHONE ! ÇA MARCHE BIEN ?
SAIS PAS. PAS ENCORE PU L'ESSAYER...
LODE RUNNER
CROC
MAIS ÇA FAIT PLUS DE 2 MOIS QUE TU L'AS POURTANT...
OUI, J'AI ÉTÉ UNE DES PREMIÈRE À L'ACHETER À SA SORTIE EN FRANCE.
TU L'AS PAS ACHETÉ AUX STATES ?...
NON, J'AI PRÉFÉRÉ LE PRENDRE EN FRANCE, RAPPORT À LA GARANTIE...
MAIS COMME JE NE SUIS PAS CHEZ ORANGE, JE L'AI ACHETÉ PLUS CHER, ET J'AI ENCORE PAYÉ 100€ DE PLUS POUR LE DÉSIMLOCKER.
ENSUITE ÇA PREND DU TEMPS POUR QU'ILS ENVOIENT LA PROCÉDURE...
ET TU NE L'AS PAS ENCORE REÇUE ? C'EST UN SCANDALE !
SI, J'AI FINI PAR AVOIR LEUR LETTRE. MAIS LE DÉSIM-LOCKAGE N'A PAS MARCHÉ : IL ÉTAIT PRÉVU POUR UN PC...
... AU DÉBUT ILS N'AVAIENT PAS PENSÉ QUE LES ACHETEURS D'IPHONE POU-VAIENT AVOIR UN MAC !
ENSUITE, ÇA A ENCORE PRIS 15 JOURS, LE TEMPS QU'ILS M'ENVOIENT LA BONNE.
EUH... ET ÇA MARCHAIT TOUJOURS PAS ?
SAIS PAS. JE L'AI REÇUE HIER MATIN ET IL FALLAIT ATTENDRE 24H QUE ÇA SOIT ACTIF.
BEN ALORS ? VAS-Y, ESSAYE...
JE PEUX PAAAS ! ON M'A VOLÉ MON IPHONE AU RESTO CE MIDIIII !
BOUHOUHOU...

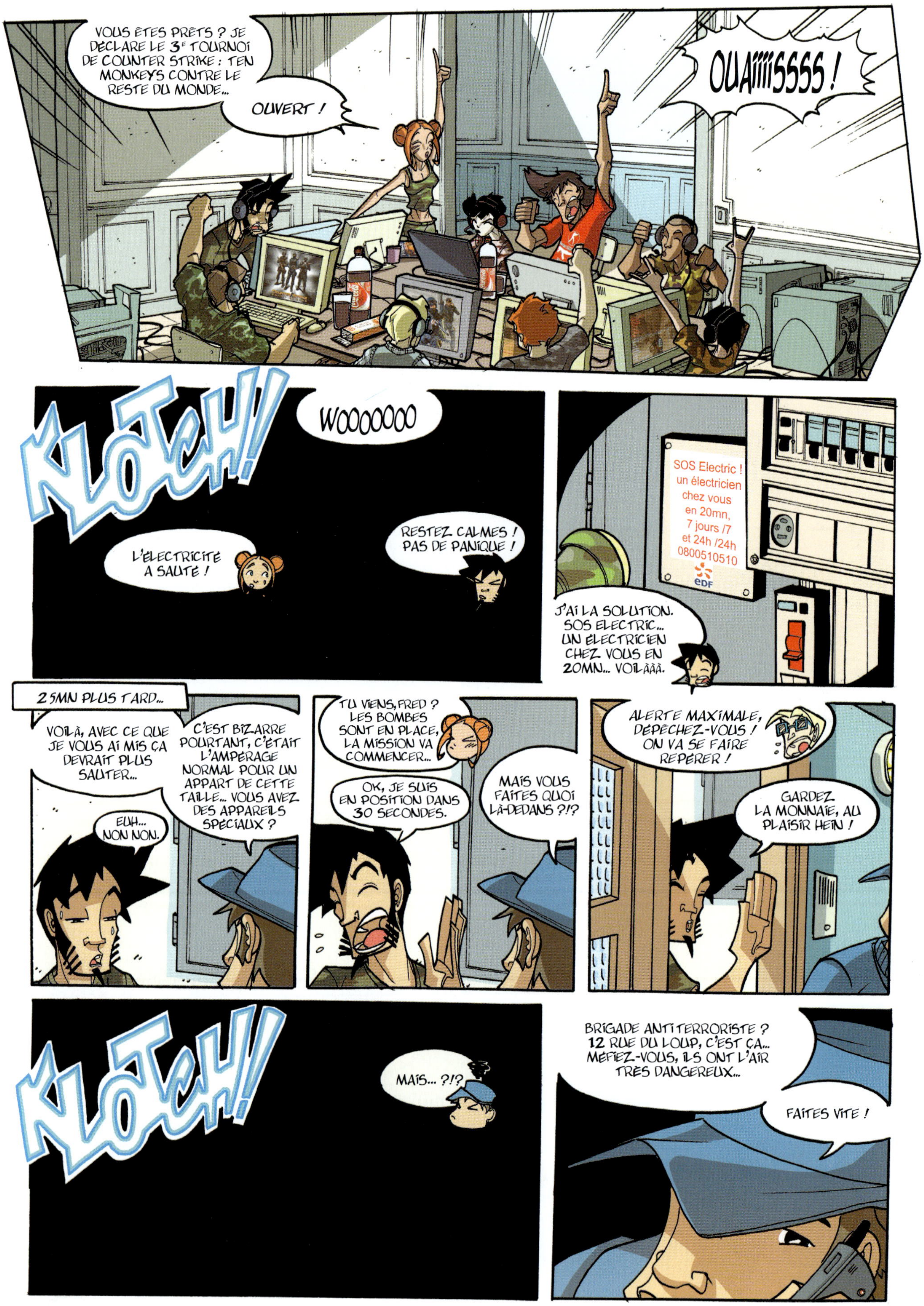
VOUS ÊTES PRÊTS ? JE DÉCLARE LE 3E TOURNOI DE COUNTER STRIKE : TEN MONKEYS CONTRE LE RESTE DU MONDE...
OUVERT !
OUAIIIISSSS !
KLOTCH !
WOOOOOOO
L'ÉLECTRICITÉ A SAUTÉ !
RESTEZ CALMES ! PAS DE PANIQUE !
SOS Electric ! un électricien chez vous en 20mn, 7 jours /7 et 24h /24h 0800510510
EDF
J'AI LA SOLUTION. SOS ELECTRIC... UN ÉLECTRICIEN CHEZ VOUS EN 20MN... VOILÀÀÀ.
25MN PLUS TARD...
VOILÀ, AVEC CE QUE JE VOUS AI MIS ÇA DEVRAIT PLUS SAUTER...
C'EST BIZARRE POURTANT, C'ÉTAIT L'AMPÉRAGE NORMAL POUR UN APPART DE CETTE TAILLE... VOUS AVEZ DES APPAREILS SPÉCIAUX ?
EUH... NON NON.
TU VIENS, FRED ? LES BOMBES SONT EN PLACE, LA MISSION VA COMMENCER...
OK, JE SUIS EN POSITION DANS 30 SECONDES.
MAIS VOUS FAITES QUOI LÀ-DEDANS ?!?
ALERTE MAXIMALE, DÉPÊCHEZ-VOUS ! ON VA SE FAIRE REPÉRER !
GARDEZ LA MONNAIE, AU PLAISIR HEIN !
KLOTCH !
MAIS... ?!?
BRIGADE ANTITERRORISTE ? 12 RUE DU LOUP, C'EST ÇA... MÉFIEZ-VOUS, ILS ONT L'AIR TRÈS DANGEREUX...
FAITES VITE !

AVEC LA POUDRE QUI EST TOMBÉE, ÇA VA ÊTRE FABULEUX DEMAIN MATIN !
YEP, ET PAS DE FILLES POUR NOUS METTRE EN RETARD CETTE FOIS !
CLAIIIIR !
ENCORE UN PEU DE SALADE, LES FILLES ?
OUI, MOI ! MAIS SAUCE À PART !
FINALEMENT, C'EST CHOUETTE CE WEEK-END AU SKI ENTRE NANAS. PAS DE MEC POUR NOUS STRESSER !
LE LENDEMAIN, 8H, CHEZ LES HOMMES.
PREM'S À L'ORDI !
DEUZ !
TROIZ !!
PFFF...
CHEZ LES FILLES.
PREM'S À LA DOUCHE ! J'AI PAS EU LE TEMPS DE ME LAVER LES CHEVEUX, HIER SOIR...
PREM'S AU PIPI ! APRÈS, JE FILE ME RACHETER DES SOUS GANT EN VELOURS PARCE QUE SINON ÇA VA PAS LE FAIRE.
9H30.
AYE TERMINÉ !
ON Y VA ?
GNNNNN
2 SEC' ON FINIT NOTRE PARTIE DE BURN OUT.
D'APRÈS VOUS, JE METS LA CRÈME SOLAIRE PAR-DESSUS MA CRÈME DE JOUR OU MA CRÈME DE JOUR PAR-DESSUS LA CRÈME SOLAIRE ?
BON, C'EST DÉCIDÉ, JE VAIS LOUER DE NOUVELLES CHAUSSURES DE SNOW, LES MIENNES VONT PAS AVEC MA COMBI.
ATTENDS, JE VIENS AVEC TOI ! J'AI VU DES LUNETTES TOUT À L'HEURE... JE VAIS LES ESSAYER, QUAND MÊME.
12H
AH BEN, TIENS, VOUS VENEZ JUSTE D'ARRIVER VOUS AUSSI ?
OH NOOON, ÇA FAIT UN MOMENT QU'ON EST LÀ NOUS ! TU PENSES !

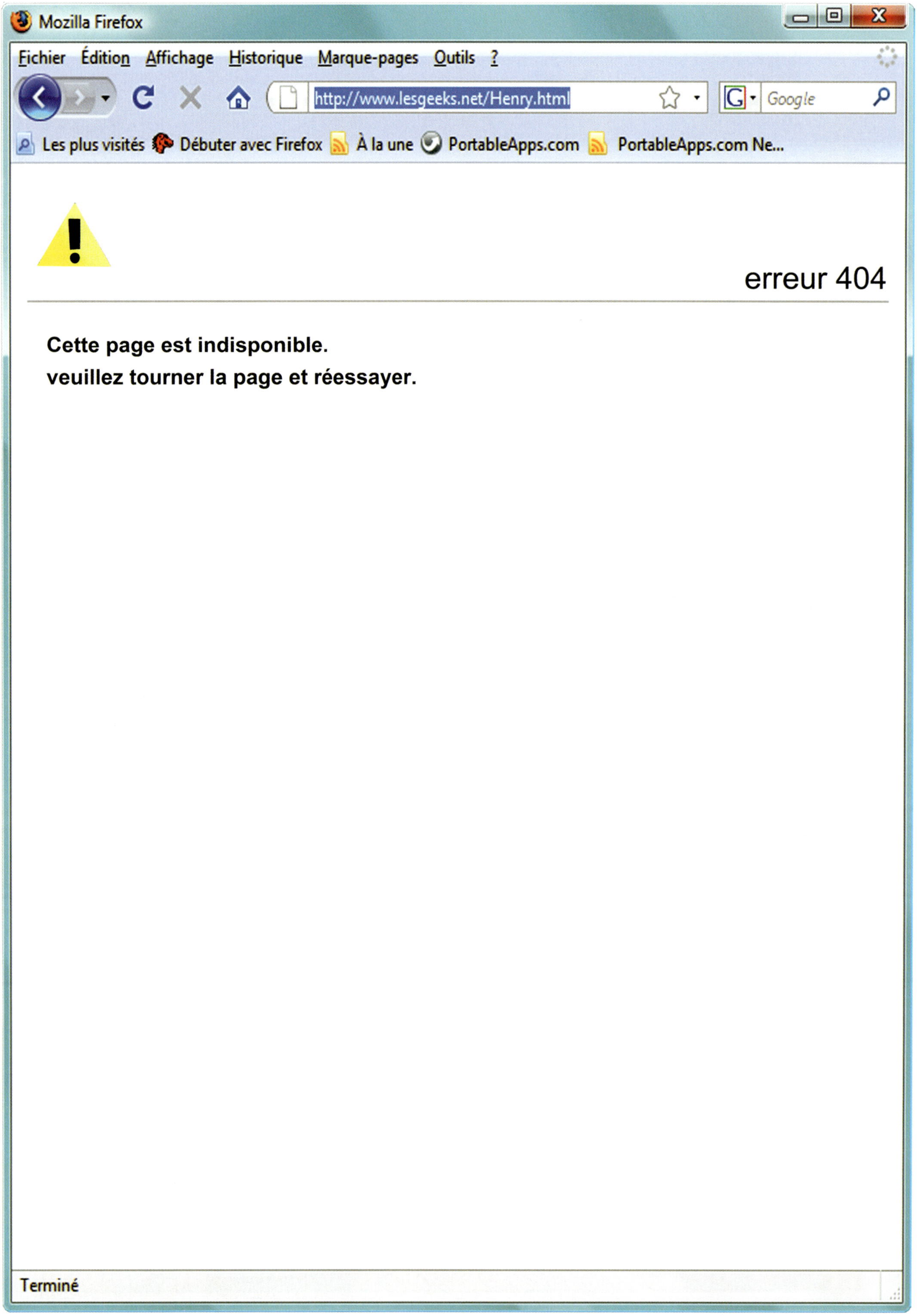
Mozilla Firefox
Fichier Édition Affichage Historique Marque-pages Outils ?
http://www.lesgeeks.net/Henry.html
Google
Les plus visités
Débuter avec Firefox
À la une
PortableApps.com
PortableApps.com Ne...
erreur 404
Cette page est indisponible.
veuillez tourner la page et réessayer.
Terminé

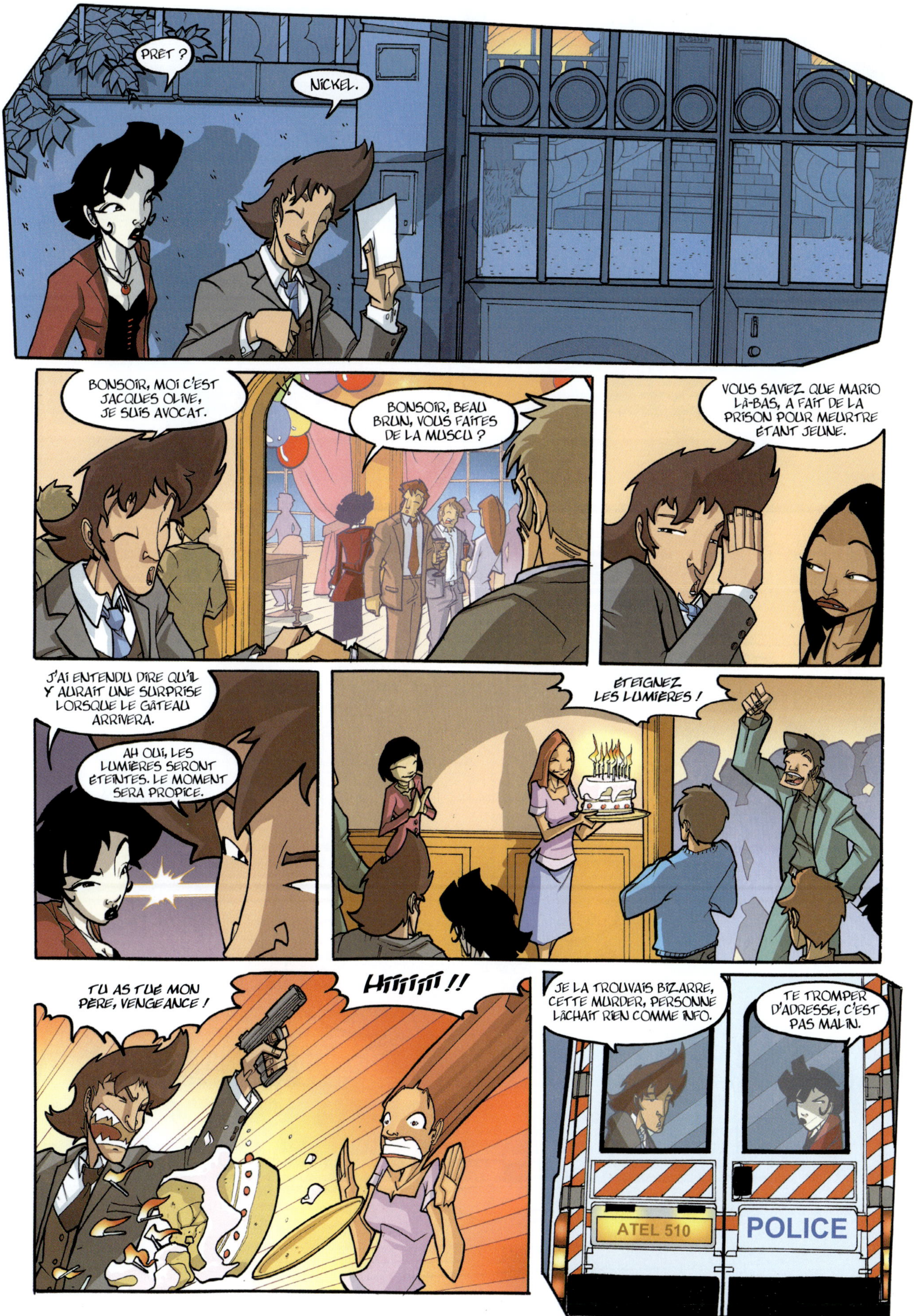
PRÊT ?
NICKEL.
BONSOIR, MOI C'EST JACQUES OLIVE, JE SUIS AVOCAT.
BONSOIR, BEAU BRUN, VOUS FAITES DE LA MUSCU ?
VOUS SAVIEZ QUE MARIO LÀ-BAS, A FAIT DE LA PRISON POUR MEURTRE ÉTANT JEUNE.
J'AI ENTENDU DIRE QU'IL Y AURAIT UNE SURPRISE LORSQUE LE GÂTEAU ARRIVERA.
AH OUI, LES LUMIÈRES SERONT ÉTEINTES. LE MOMENT SERA PROPICE.
ÉTEIGNEZ LES LUMIÈRES !
TU AS TUÉ MON PÈRE, VENGEANCE !
HIIIIII !!
JE LA TROUVAIS BIZARRE, CETTE MURDER, PERSONNE LÂCHAIT RIEN COMME INFO.
TE TROMPER D'ADRESSE, C'EST PAS MALIN.
ATEL 510
POLICE

Z'AVEZ ENTENDU ?
LE CHANTIER A EXPLOSÉ ! ILS ÉVACUENT LES OUVRIERS, C'EST LA PANIQUE !
CROC
AH, OUAIS ?
PFIOUU ! Y DEVAIENT BIEN S'Y ATTENDRE. QUAND TU BOSSES POUR UN EMPLOYEUR PAREIL, TU CONNAIS LES RISQUES...
LA PLUPART ONT PAS LE CHOIX. QUAND T'ES OUVRIER, TU PRENDS CE QU'IL Y A...
ON DEVRAIT P'TÊT' FILER UN COUP DE MAIN POUR L'ÉVACUATION, NON ? C'EST JUSTE À CÔTÉ D'ICI EN FAIT.
ON NE PEUT PAS LAISSER CES PAUVRES GARS COMME ÇA.
FÉCHIE ! Z'ÊTES TROP SENSIBLES !
VOUS Y ALLEZ, C'EST SÛR ?
STAR WARS
OUAIS.
OK, TRÈS BIEN !
ALORS VOUS FONCEZ VAILLAMMENT VERS L'ÉTOILE NOIRE DANS VOTRE PETIT VAISSEAU, POUR ALLER PORTER SECOURS AUX OUVRIERS QUI BOSSAIENT SUR LE CHANTIER AU MOMENT OÙ LUKE ET LES REBELLES ONT ATTAQUÉ !
FRED, UN PETIT JET AU D20 !

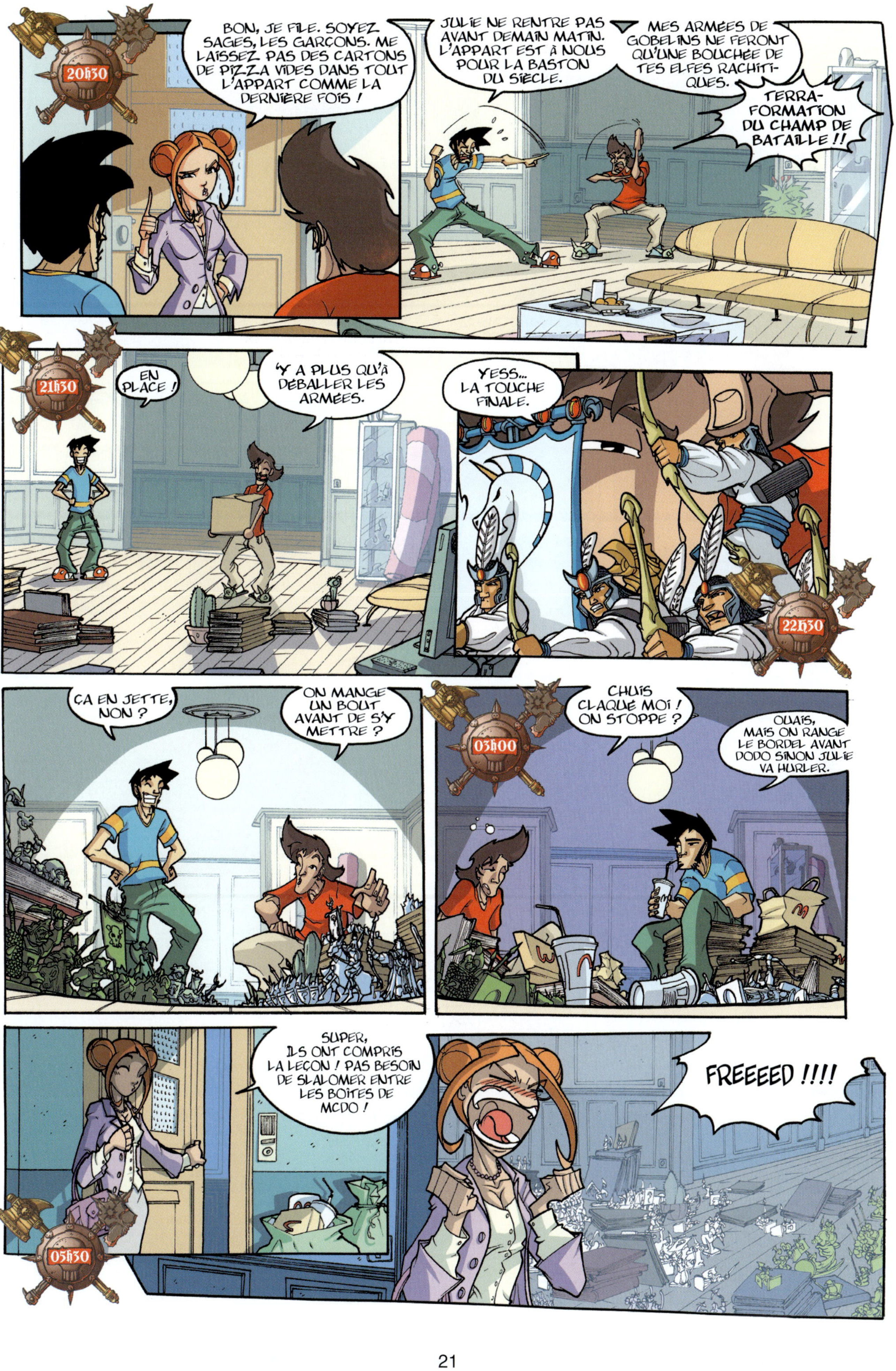
20h30
BON, JE FILE. SOYEZ SAGES, LES GARÇONS. ME LAISSEZ PAS DES CARTONS DE PIZZA VIDES DANS TOUT L'APPART COMME LA DERNIÈRE FOIS !
JULIE NE RENTRE PAS AVANT DEMAIN MATIN. L'APPART EST À NOUS POUR LA BASTON DU SIÈCLE.
MES ARMÉES DE GOBELINS NE FERONT QU'UNE BOUCHÉE DE TES ELFES RACHITIQUES.
TERRAFORMATION DU CHAMP DE BATAILLE !!
21h30
EN PLACE !
'Y A PLUS QU'À DÉBALLER LES ARMÉES.
YESS... LA TOUCHE FINALE.
22h30
ÇA EN JETTE, NON ?
ON MANGE UN BOUT AVANT DE S'Y METTRE ?
03h00
CHUIS CLAQUÉ MOI ! ON STOPPE ?
OUAIS, MAIS ON RANGE LE BORDEL AVANT DODO SINON JULIE VA HURLER.
05h30
SUPER, ILS ONT COMPRIS LA LEÇON ! PAS BESOIN DE SLALOMER ENTRE LES BOÎTES DE MCDO !
FREEEED !!!!

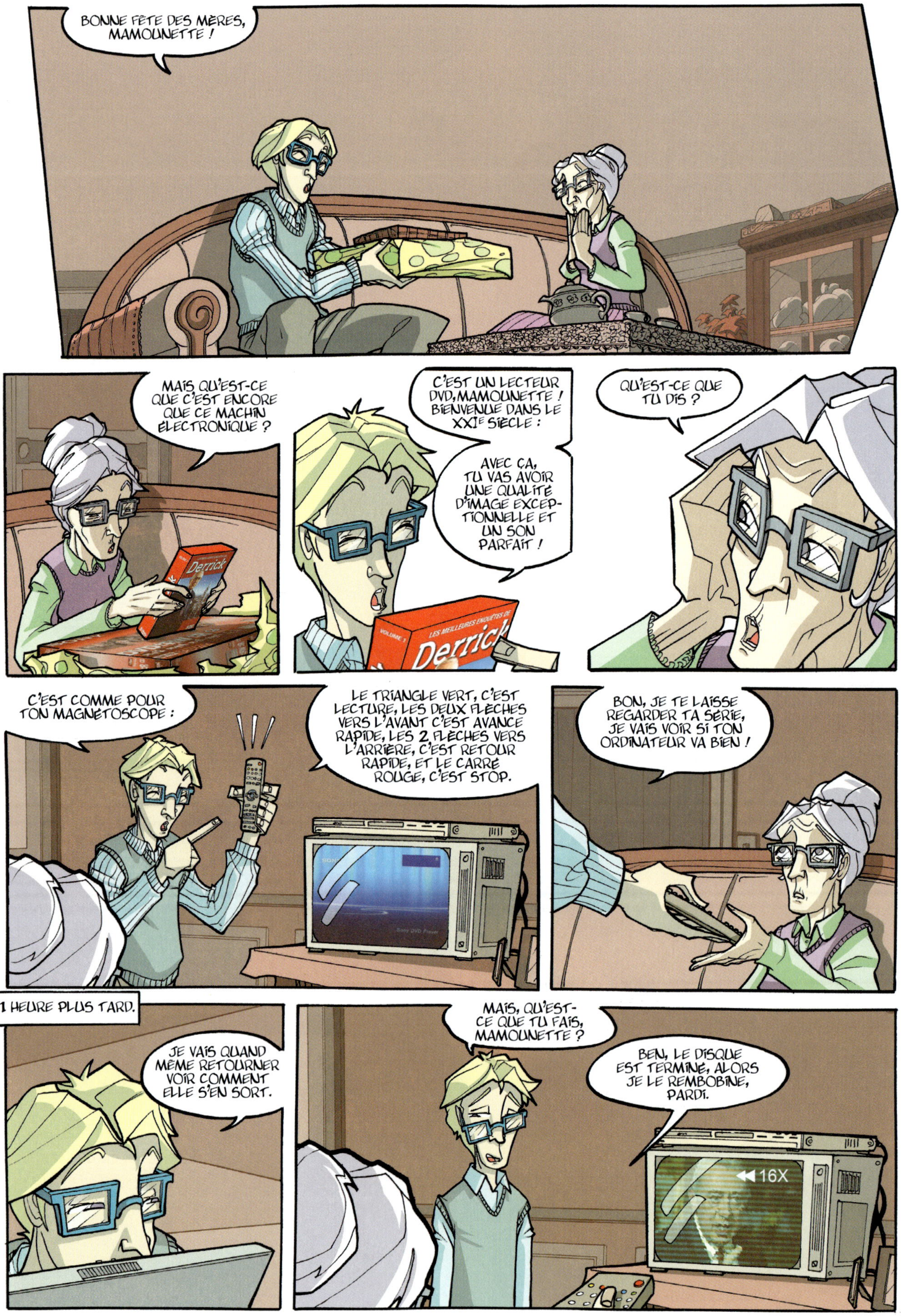
BONNE FÊTE DES MÈRES, MAMOUNETTE !
MAIS QU'EST-CE QUE C'EST ENCORE QUE CE MACHIN ÉLECTRONIQUE ?
Derrick
C'EST UN LECTEUR DVD, MAMOUNETTE ! BIENVENUE DANS LE XXIe SIÈCLE :
AVEC ÇA, TU VAS AVOIR UNE QUALITÉ D'IMAGE EXCEPTIONNELLE ET UN SON PARFAIT !
LES MEILLEURES ENQUÊTES DE
Derrick
QU'EST-CE QUE TU DIS ?
C'EST COMME POUR TON MAGNÉTOSCOPE :
LE TRIANGLE VERT, C'EST LECTURE, LES DEUX FLÈCHES VERS L'AVANT C'EST AVANCE RAPIDE, LES 2 FLÈCHES VERS L'ARRIÈRE, C'EST RETOUR RAPIDE, ET LE CARRÉ ROUGE, C'EST STOP.
BON, JE TE LAISSE REGARDER TA SÉRIE, JE VAIS VOIR SI TON ORDINATEUR VA BIEN !
1 HEURE PLUS TARD.
JE VAIS QUAND MÊME RETOURNER VOIR COMMENT ELLE S'EN SORT.
MAIS, QU'EST-CE QUE TU FAIS, MAMOUNETTE ?
BEN, LE DISQUE EST TERMINÉ, ALORS JE LE REMBOBINE, PARDI.
◀◀ 16X

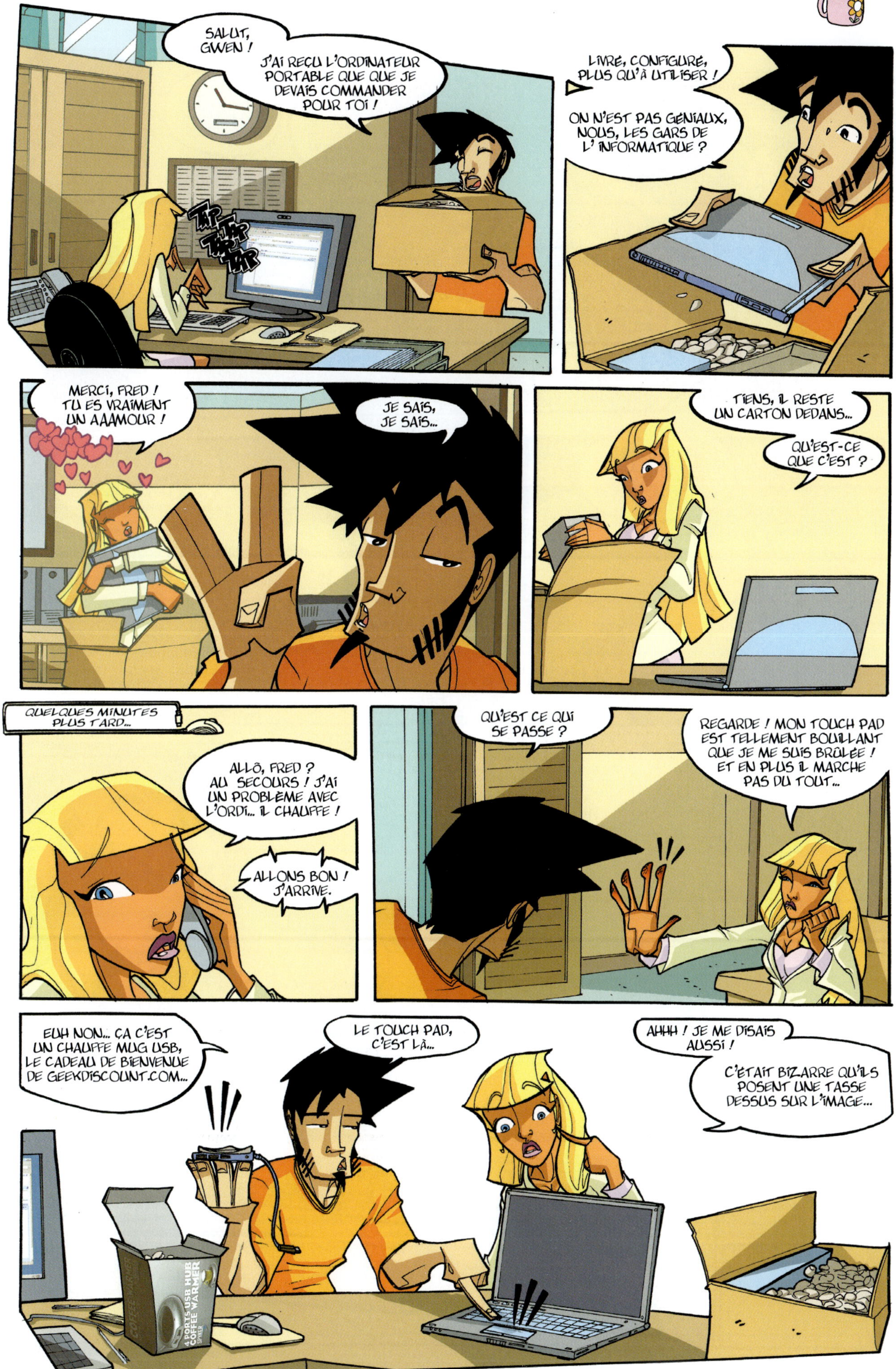
SALUT, GWEN !
J'AI REÇU L'ORDINATEUR PORTABLE QUE QUE JE DEVAIS COMMANDER POUR TOI !
TAP TAP TAP TAP
LIVRÉ, CONFIGURÉ, PLUS QU'À UTILISER !
ON N'EST PAS GÉNIAUX, NOUS, LES GARS DE L'INFORMATIQUE ?
MERCI, FRED ! TU ES VRAIMENT UN AAAMOUR !
JE SAIS, JE SAIS...
TIENS, IL RESTE UN CARTON DEDANS...
QU'EST-CE QUE C'EST ?
QUELQUES MINUTES PLUS TARD...
ALLÔ, FRED ? AU SECOURS ! J'AI UN PROBLÈME AVEC L'ORDI... IL CHAUFFE !
ALLONS BON ! J'ARRIVE.
QU'EST CE QUI SE PASSE ?
REGARDE ! MON TOUCH PAD EST TELLEMENT BOUILLANT QUE JE ME SUIS BRÛLÉE ! ET EN PLUS IL MARCHE PAS DU TOUT...
EUH NON... ÇA C'EST UN CHAUFFE MUG USB, LE CADEAU DE BIENVENUE DE GEEKDISCOUNT.COM...
LE TOUCH PAD, C'EST LÀ...
AHHH ! JE ME DISAIS AUSSI !
C'ÉTAIT BIZARRE QU'ILS POSENT UNE TASSE DESSUS SUR L'IMAGE...
4 PORTS USB HUB COFFEE WARMER

24 DECEMBRE AU SOIR...
BON ALLEZ, C'EST L'HEURE, LÀ ! ON OUVRE LES CADEAUX !
OH, UN GPS POUR NOS RANDOS !
UN LECTEUR MP3 ! J'EN VOULAIS UN POUR MON JOGGING.
AH, UN CADRE POUR VOIR VOS PHOTOS NUMÉRIQUES !
WAOUW, LASER ET SANS FIL, LE TOP !
LE LENDEMAIN...
FRED, COMMENT JE FAIS POUR TRANSFORMER MES CD EN MP3 ?
FREEEEEEED ? TU PEUX VENIR VOIR, J'ARRIVE PAS À INSTALLER LES NOUVELLES CARTES.
FREDOU, TU POURRAS PASSER POUR ME MONTRER COMMENT JE RAJOUTE DES PHOTOS ?
FRED, FAUT QUE TU ME FILES UN COUP DE MAIN, ÇA VEUT PAS S'INSTALLER !
BON BEN, POUR LES CADEAUX L'ANNÉE PROCHAINE, CHERCHE PAS, C'EST TOUT TROUVÉ :
DES BOUQUINS POUR TOUT LE MONDE !!!

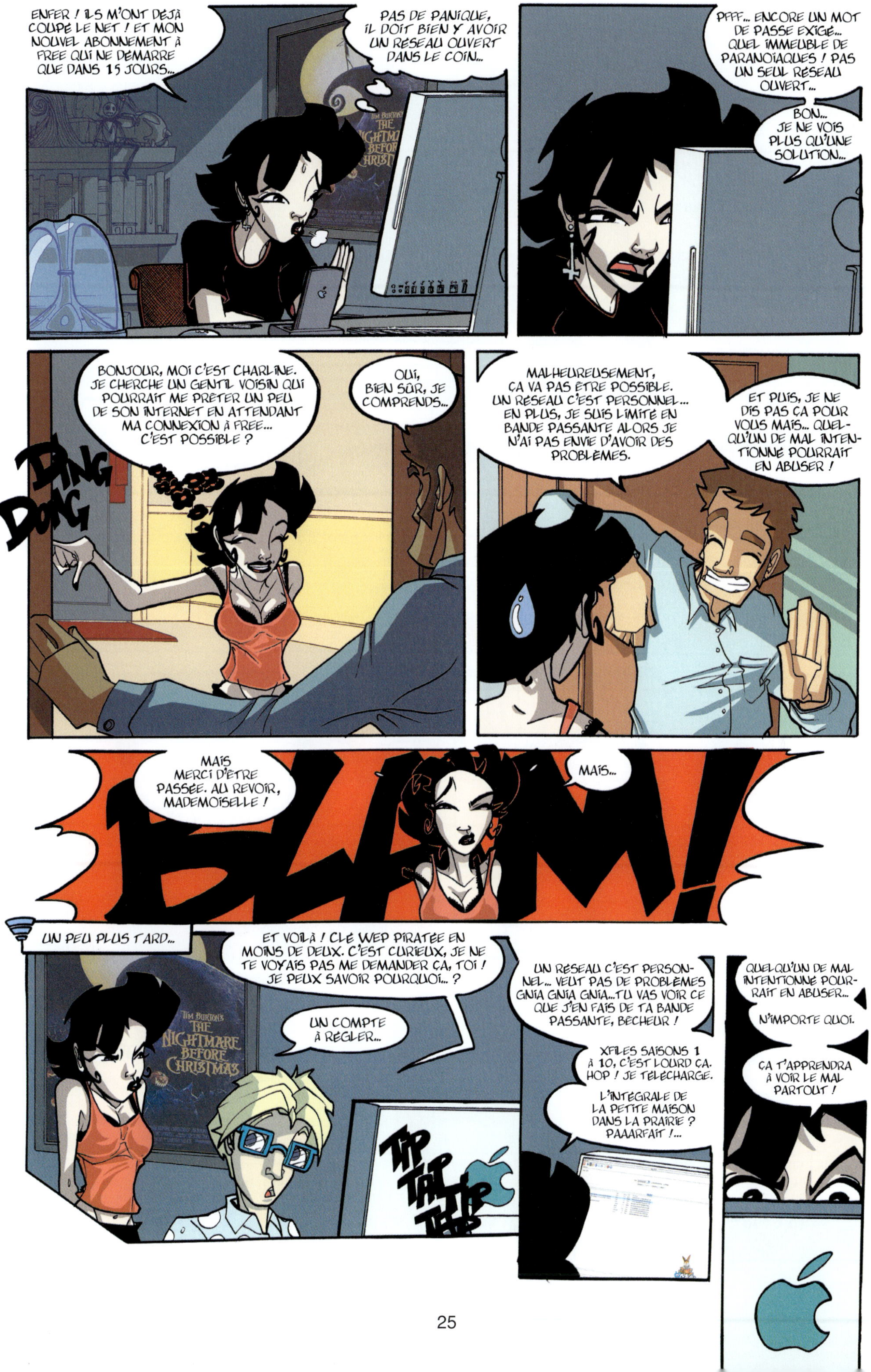
ENFER ! ILS M'ONT DÉJÀ COUPÉ LE NET ! ET MON NOUVEL ABONNEMENT À FREE QUI NE DÉMARRE QUE DANS 15 JOURS...
PAS DE PANIQUE, IL DOIT BIEN Y AVOIR UN RÉSEAU OUVERT DANS LE COIN...
TIM BURTON'S THE NIGHTMARE BEFORE CHRISTMAS
PFFF... ENCORE UN MOT DE PASSE EXIGÉ... QUEL IMMEUBLE DE PARANOÏAQUES ! PAS UN SEUL RÉSEAU OUVERT...
BON... JE NE VOIS PLUS QU'UNE SOLUTION...
DING DONG
BONJOUR, MOI C'EST CHARLINE. JE CHERCHE UN GENTIL VOISIN QUI POURRAIT ME PRÊTER UN PEU DE SON INTERNET EN ATTENDANT MA CONNEXION À FREE... C'EST POSSIBLE ?
OUI, BIEN SÛR, JE COMPRENDS...
MALHEUREUSEMENT, ÇA VA PAS ÊTRE POSSIBLE. UN RÉSEAU C'EST PERSONNEL... EN PLUS, JE SUIS LIMITÉ EN BANDE PASSANTE ALORS JE N'AI PAS ENVIE D'AVOIR DES PROBLÈMES.
ET PUIS, JE NE DIS PAS ÇA POUR VOUS MAIS... QUELQU'UN DE MAL INTENTIONNÉ POURRAIT EN ABUSER !
MAIS MERCI D'ÊTRE PASSÉE. AU REVOIR, MADEMOISELLE !
MAIS...
BLAM !
UN PEU PLUS TARD...
ET VOILÀ ! CLÉ WEP PIRATÉE EN MOINS DE DEUX. C'EST CURIEUX, JE NE TE VOYAIS PAS ME DEMANDER ÇA, TOI ! JE PEUX SAVOIR POURQUOI... ?
UN COMPTE À RÉGLER...
TIM BURTON'S THE NIGHTMARE BEFORE CHRISTMAS
TIP TAP TIP TAP
UN RÉSEAU C'EST PERSONNEL... VEUT PAS DE PROBLÈMES GNIA GNIA GNIA...TU VAS VOIR CE QUE J'EN FAIS DE TA BANDE PASSANTE, BÊCHEUR !
XFILES SAISONS 1 À 10, C'EST LOURD ÇA. HOP ! JE TÉLÉCHARGE.
L'INTÉGRALE DE LA PETITE MAISON DANS LA PRAIRIE ? PAAARFAIT !...
QUELQU'UN DE MAL INTENTIONNÉ POURRAIT EN ABUSER...
N'IMPORTE QUOI.
ÇA T'APPRENDRA À VOIR LE MAL PARTOUT !

18/Clé des champs

BIIIP BIIIP
17:55
18:00
SALUT TOUT LE MONDE, À DEMAIN !
18:12
ORDIPLUS
SAMSUNG
18:27
JE ME METS LÀ LE TEMPS DE DÉCHARGER...
18:29
19:27
L'EST BEAU, HEIN ?
HUM...
FROTFROT
JE CROYAIS QU'ON ÉCONOMISAIT POUR POUVOIR PAYER LE LOYER CE MOIS-CI ?
LÀ, C'ÉTAIT VRAIMENT UNE SUPER OCCAS' ! UN 22 POUCES EN PROMO DEPUIS HIER ET IL EN RESTAIT DÉJÀ PRESQUE PLUS ! ET EN PLUS, MON POTE CLÉMENT M'A FAIT DIX POUR CENT DESSUS !
19:52
AU FINAL, J'AI ÉCONOMISÉ AU MOINS 100 EUROS !
STATIONNEMENT SUR VOIE DE BUS, 140 EUROS...
POLICE

1a/Coup de vieux

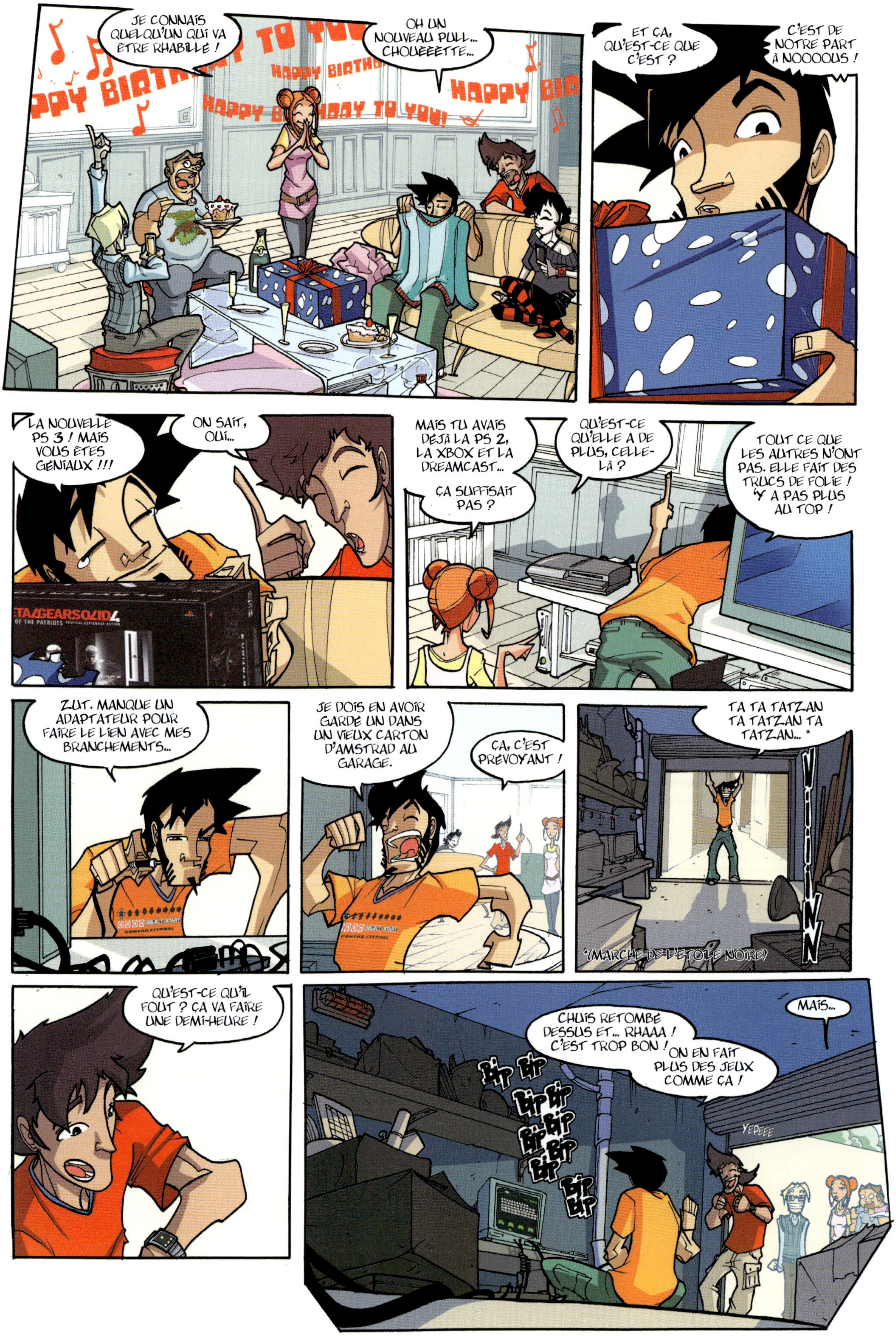

ÇA ME FAIT PLAISIR D'AVOIR UNE AUTRE FILLE À LA MAISON.
PARFOIS J'AI L'IMPRESSION D'HABITER AVEC DES EXTRATERRESTRES !
AH BON, POURQUOI ?
BEN, ÉCOUTE-LES, LÀ ! UN QUART D'HEURE QU'ILS S'ENGUEULENT ET JE COMPRENDS PAS UN MOT !
ILS SONT PAS PRÈS DE SE METTRE D'ACCORD, Y EN A UN QUI PARLE ELFE ET L'AUTRE VULCAIN.
AH ? ET... EUH... TOI TU PARLES LES DEUX ?!?
J'AI DES NOTIONS. FAUT PAS CROIRE, C'EST PAS PARCE QU'ILS ONT TOUS LES OREILLES POINTUES QU'ILS PARLENT LA MÊME LANGUE.
MHHH...
DONC, QUAND FRED M'A DIT QUE SPOCK EST LE PETIT FILS DE LEGOLAS, IL S'EST FOUTU DE MA GUEULE.
OUI...

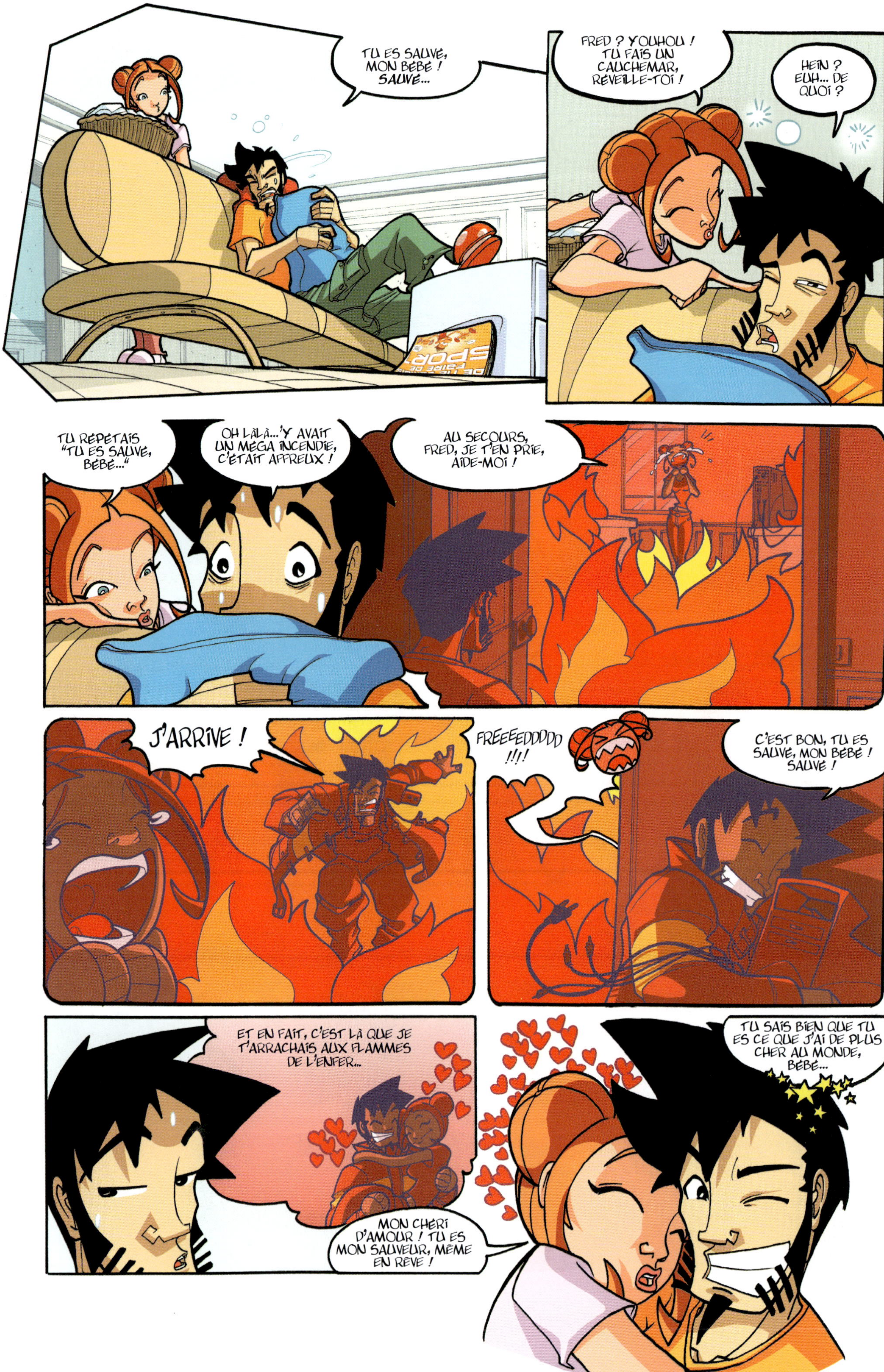
TU ES SAUVE, MON BÉBÉ ! SAUVE...
FRED ? YOUHOU ! TU FAIS UN CAUCHEMAR, RÉVEILLE-TOI !
HEIN ? EUH... DE QUOI ?
TU RÉPÉTAIS "TU ES SAUVE, BÉBÉ..."
OH LÀLÀ...'Y AVAIT UN MÉGA INCENDIE, C'ÉTAIT AFFREUX !
AU SECOURS, FRED, JE T'EN PRIE, AIDE-MOI !
J'ARRIVE !
FREEEEDDDDD !!!!
C'EST BON, TU ES SAUVE, MON BÉBÉ ! SAUVE !
ET EN FAIT, C'EST LÀ QUE JE T'ARRACHAIS AUX FLAMMES DE L'ENFER...
MON CHÉRI D'AMOUR ! TU ES MON SAUVEUR, MÊME EN RÊVE !
TU SAIS BIEN QUE TU ES CE QUE J'AI DE PLUS CHER AU MONDE, BÉBÉ...

ALORS, LA ST VALENTIN CE SOIR... IMPATIENTE D'Y ÊTRE ?
BOF...
C'EST PAS QUE J'AIME PAS LA ST VALENTIN, HEIN, MAIS AVEC FRED, ÇA FINIT TOUJOURS EN TRUC GEEK !
ET POURTANT...
SURPRISE !
???
INCROYABLE...
JE DOIS RÊVER...
JOYEUSE ST VALENTIN, MON AMOUR !
MERCI, MON FRED ADORÉ ! VRAIMENT, JE SUIS IMPRESSIONNÉE.
ET MAINTENANT, LE MEILLEUR : VINCE N'EST PAS LÀ CE SOIR !!!
GÉNIAL, HEIN ?
ON A LA WII RIEN QUE POUR NOUS DEUX !

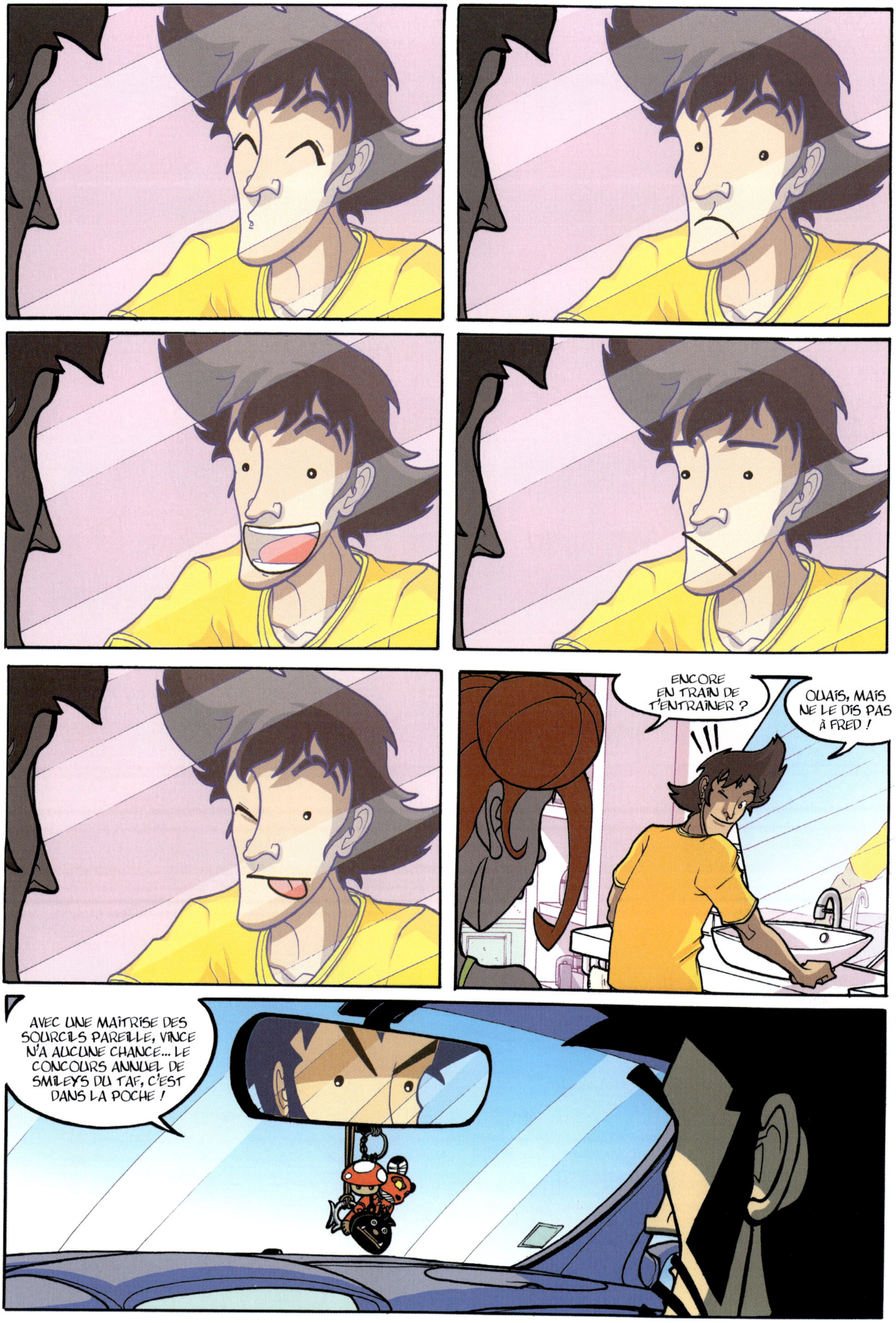
ENCORE EN TRAIN DE T'ENTRAINER ?
OUAIS, MAIS NE LE DIS PAS À FRED !
AVEC UNE MAITRISE DES SOURCILS PAREILLE, VINCE N'A AUCUNE CHANCE... LE CONCOURS ANNUEL DE SMILEYS DU TAF, C'EST DANS LA POCHE !

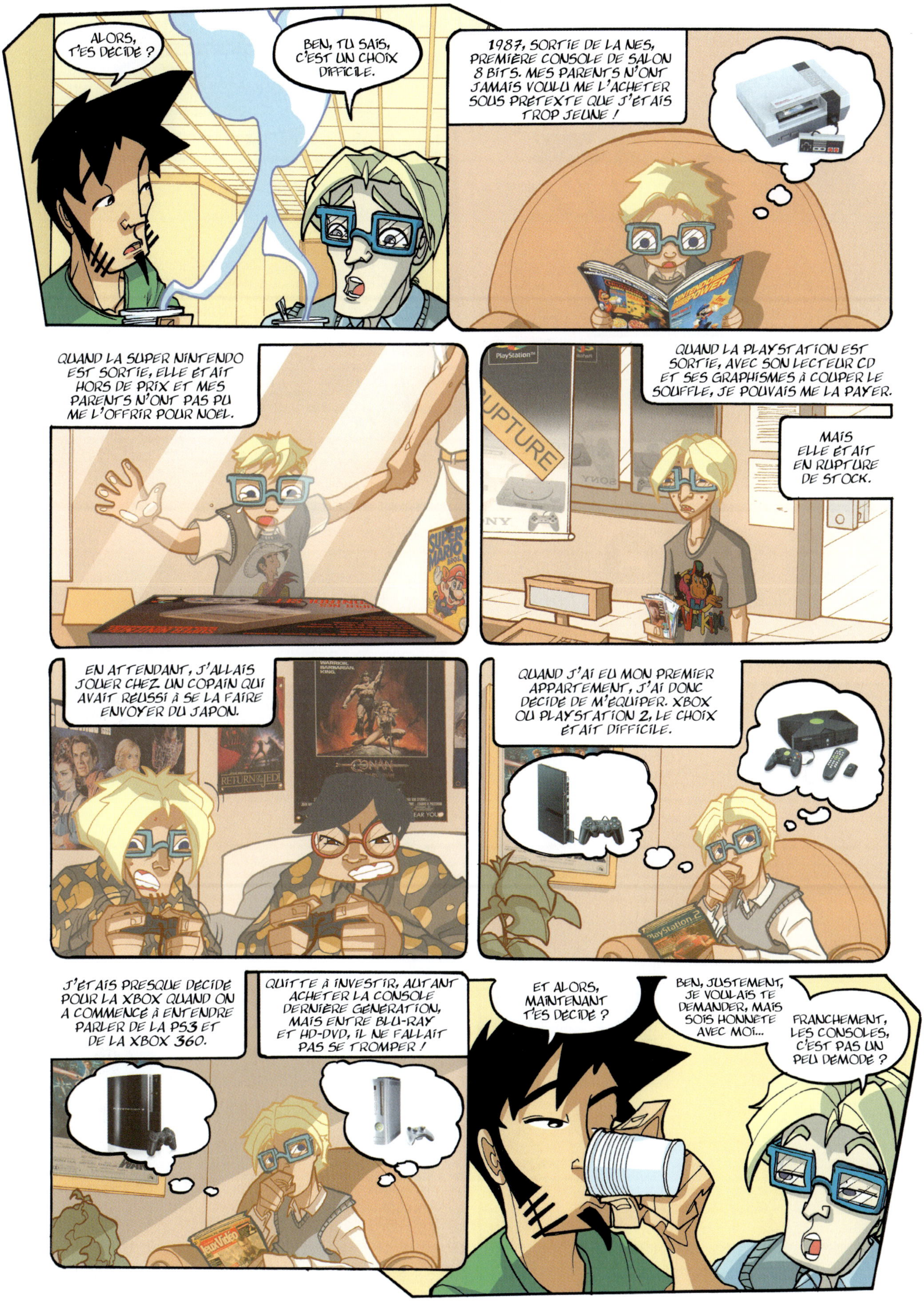
ALORS, T'ES DÉCIDÉ ?
BEN, TU SAIS, C'EST UN CHOIX DIFFICILE.
1987, SORTIE DE LA NES, PREMIÈRE CONSOLE DE SALON 8 BITS. MES PARENTS N'ONT JAMAIS VOULU ME L'ACHETER SOUS PRÉTEXTE QUE J'ÉTAIS TROP JEUNE !
QUAND LA SUPER NINTENDO EST SORTIE, ELLE ÉTAIT HORS DE PRIX ET MES PARENTS N'ONT PAS PU ME L'OFFRIR POUR NOËL.
QUAND LA PLAYSTATION EST SORTIE, AVEC SON LECTEUR CD ET SES GRAPHISMES À COUPER LE SOUFFLE, JE POUVAIS ME LA PAYER.
MAIS ELLE ÉTAIT EN RUPTURE DE STOCK.
RUPTURE
EN ATTENDANT, J'ALLAIS JOUER CHEZ UN COPAIN QUI AVAIT RÉUSSI À SE LA FAIRE ENVOYER DU JAPON.
QUAND J'AI EU MON PREMIER APPARTEMENT, J'AI DONC DÉCIDÉ DE M'ÉQUIPER. XBOX OU PLAYSTATION 2, LE CHOIX ÉTAIT DIFFICILE.
J'ÉTAIS PRESQUE DÉCIDÉ POUR LA XBOX QUAND ON A COMMENCÉ À ENTENDRE PARLER DE LA PS3 ET DE LA XBOX 360.
QUITTE À INVESTIR, AUTANT ACHETER LA CONSOLE DERNIÈRE GÉNÉRATION, MAIS ENTRE BLU-RAY ET HD-DVD, IL NE FALLAIT PAS SE TROMPER !
ET ALORS, MAINTENANT T'ES DÉCIDÉ ?
BEN, JUSTEMENT, JE VOULAIS TE DEMANDER, MAIS SOIS HONNÊTE AVEC MOI...
FRANCHEMENT, LES CONSOLES, C'EST PAS UN PEU DÉMODÉ ?

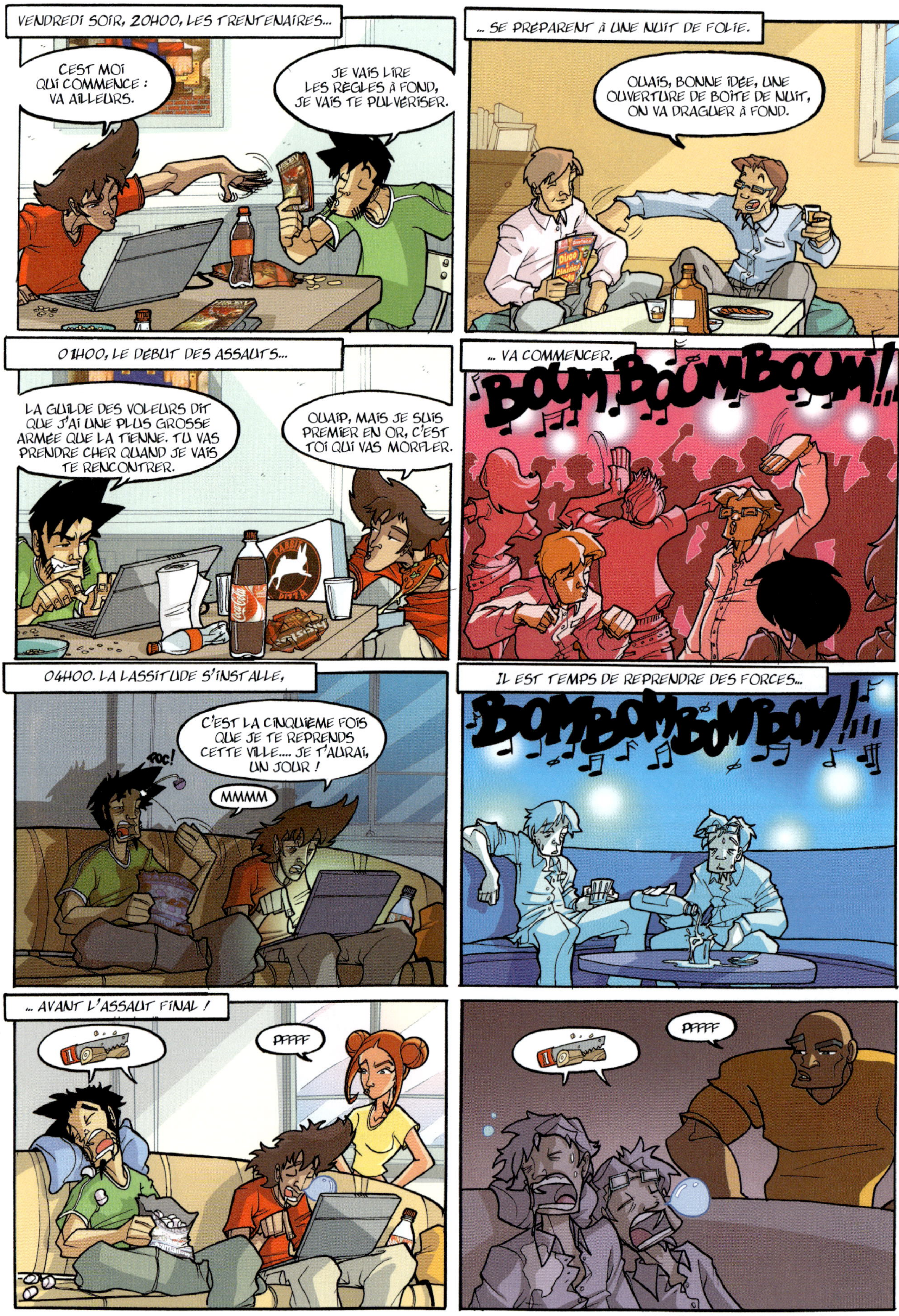
VENDREDI SOIR, 20H00, LES TRENTENAIRES...
C'EST MOI QUI COMMENCE : VA AILLEURS.
JE VAIS LIRE LES RÈGLES À FOND, JE VAIS TE PULVÉRISER.
... SE PRÉPARENT À UNE NUIT DE FOLIE.
OUAIS, BONNE IDÉE, UNE OUVERTURE DE BOITE DE NUIT, ON VA DRAGUER À FOND.
01H00, LE DÉBUT DES ASSAUTS...
LA GUILDE DES VOLEURS DIT QUE J'AI UNE PLUS GROSSE ARMÉE QUE LA TIENNE. TU VAS PRENDRE CHER QUAND JE VAIS TE RENCONTRER.
OUAIP, MAIS JE SUIS PREMIER EN OR, C'EST TOI QUI VAS MORFLER.
... VA COMMENCER.
BOUM BOUM BOUM !!!!
04H00. LA LASSITUDE S'INSTALLE,
C'EST LA CINQUIÈME FOIS QUE JE TE REPRENDS CETTE VILLE.... JE T'AURAI, UN JOUR !
POC !
MMMM
IL EST TEMPS DE REPRENDRE DES FORCES...
BOMBOMBOMBOM !!!!
... AVANT L'ASSAUT FINAL !
PFFFF
PFFFF

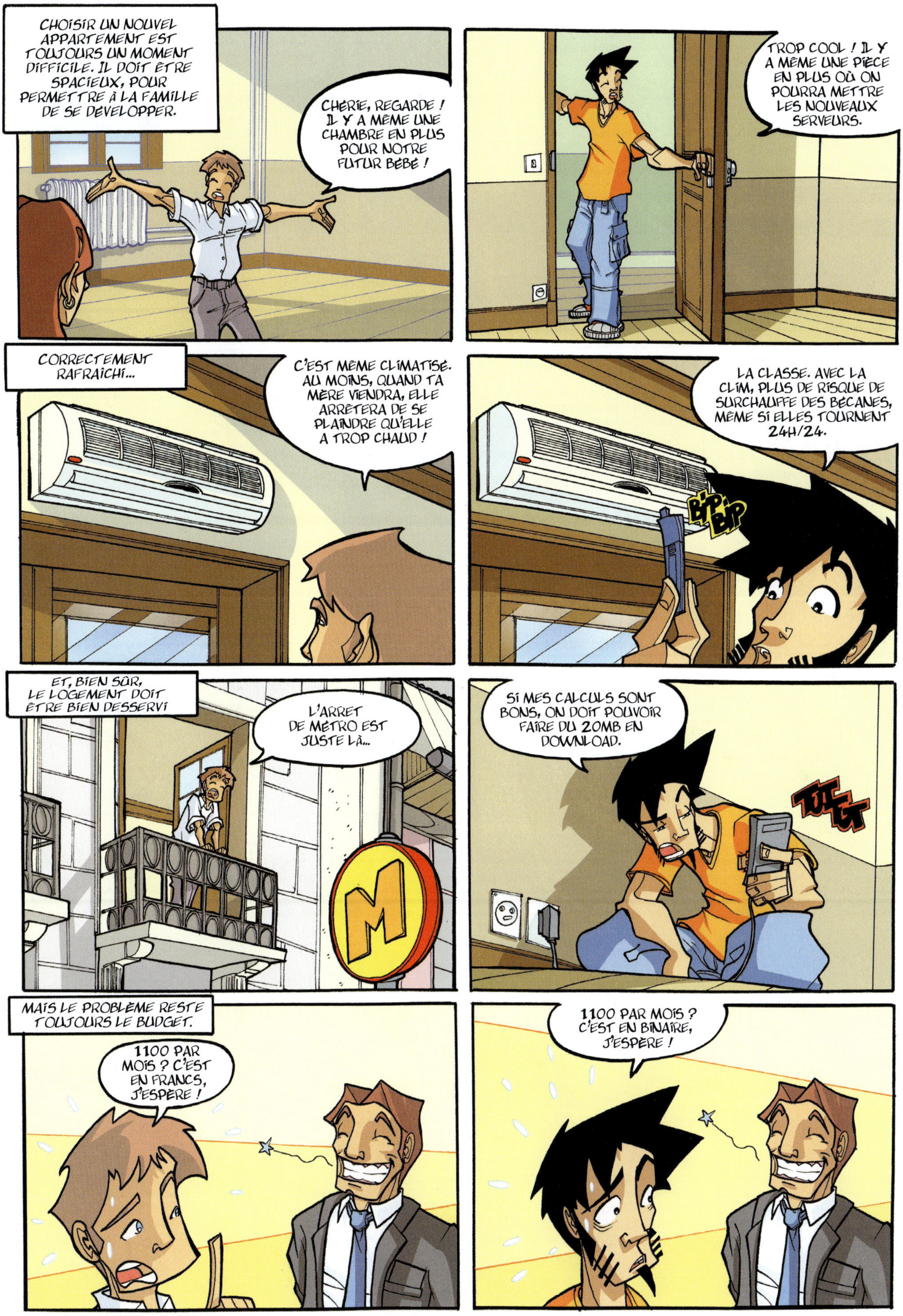
CHOISIR UN NOUVEL APPARTEMENT EST TOUJOURS UN MOMENT DIFFICILE. IL DOIT ÊTRE SPACIEUX, POUR PERMETTRE À LA FAMILLE DE SE DÉVELOPPER.
CHÉRIE, REGARDE ! IL Y A MÊME UNE CHAMBRE EN PLUS POUR NOTRE FUTUR BÉBÉ !
TROP COOL ! IL Y A MÊME UNE PIÈCE EN PLUS OÙ ON POURRA METTRE LES NOUVEAUX SERVEURS.
CORRECTEMENT RAFRAÎCHI...
C'EST MÊME CLIMATISÉ. AU MOINS, QUAND TA MÈRE VIENDRA, ELLE ARRÊTERA DE SE PLAINDRE QU'ELLE A TROP CHAUD !
LA CLASSE. AVEC LA CLIM, PLUS DE RISQUE DE SURCHAUFFE DES BÉCANES, MÊME SI ELLES TOURNENT 24H/24.
BIP BIP
ET, BIEN SÛR, LE LOGEMENT DOIT ÊTRE BIEN DESSERVI
L'ARRÊT DE MÉTRO EST JUSTE LÀ...
M
SI MES CALCULS SONT BONS, ON DOIT POUVOIR FAIRE DU 20MB EN DOWNLOAD.
TUT GT
MAIS LE PROBLÈME RESTE TOUJOURS LE BUDGET.
1100 PAR MOIS ? C'EST EN FRANCS, J'ESPÈRE !
1100 PAR MOIS ? C'EST EN BINAIRE, J'ESPÈRE !

22/Biiiiiip

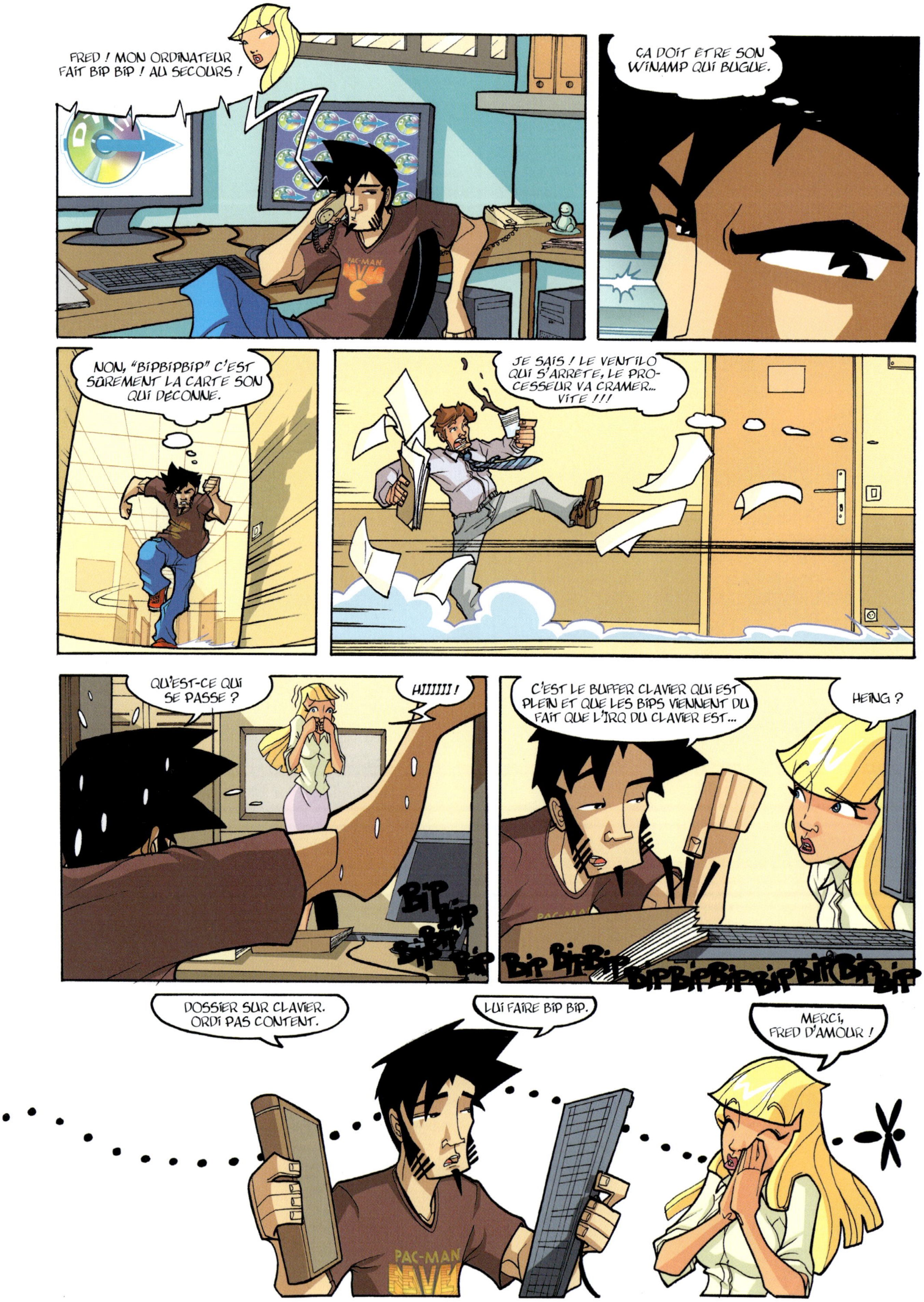

FRED ! MON ORDINATEUR FAIT BIP BIP ! AU SECOURS !
ÇA DOIT ÊTRE SON WINAMP QUI BUGUE.
NON, "BIPBIPBIP" C'EST SÛREMENT LA CARTE SON QUI DÉCONNE.
JE SAIS ! LE VENTILO QUI S'ARRÊTE, LE PROCESSEUR VA CRAMER... VITE !!!
QU'EST-CE QUI SE PASSE ?
HIIIIII !
BIP BIP BIP BIP BIP BIP BIPBIP
C'EST LE BUFFER CLAVIER QUI EST PLEIN ET QUE LES BIPS VIENNENT DU FAIT QUE L'IRQ DU CLAVIER EST...
HEING ?
BIPBIPBIPBIPBIPBIPBIP
DOSSIER SUR CLAVIER. ORDI PAS CONTENT.
LUI FAIRE BIP BIP.
MERCI, FRED D'AMOUR !

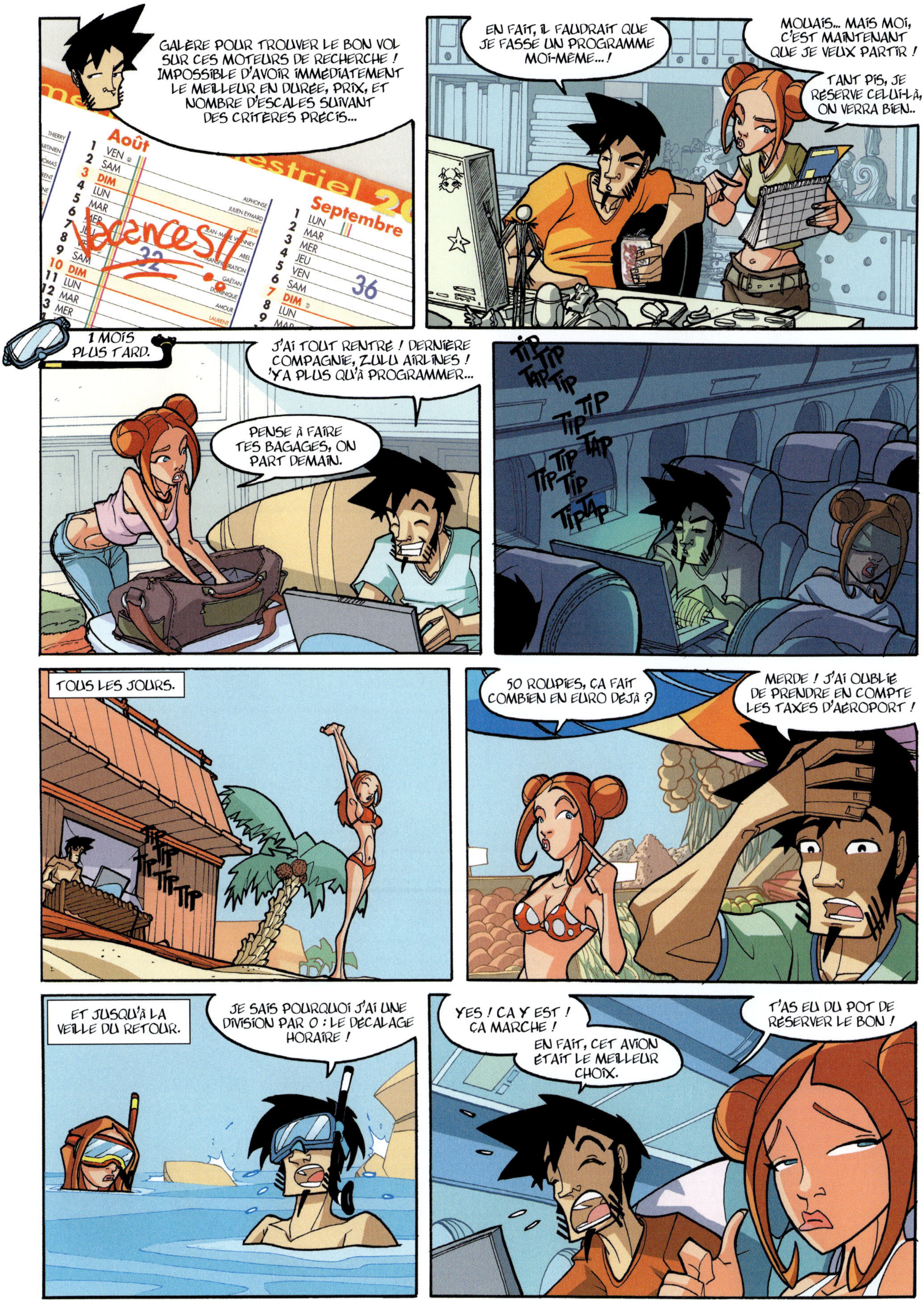
GALÈRE POUR TROUVER LE BON VOL SUR CES MOTEURS DE RECHERCHE ! IMPOSSIBLE D'AVOIR IMMÉDIATEMENT LE MEILLEUR EN DURÉE, PRIX, ET NOMBRE D'ESCALES SUIVANT DES CRITÈRES PRÉCIS...
Août
Septembre
Vacances !!
EN FAIT, IL FAUDRAIT QUE JE FASSE UN PROGRAMME MOI-MÊME... !
MOUAIS... MAIS MOI, C'EST MAINTENANT QUE JE VEUX PARTIR !
TANT PIS, JE RÉSERVE CELUI-LÀ, ON VERRA BIEN..
1 MOIS PLUS TARD.
J'AI TOUT RENTRÉ ! DERNIÈRE COMPAGNIE, ZULU AIRLINES ! 'YA PLUS QU'À PROGRAMMER...
PENSE À FAIRE TES BAGAGES, ON PART DEMAIN.
TIP TIP TAP TIP TIP TIP TAP TIP TIP TAP TIP TIP TIP TAP
TOUS LES JOURS.
TIP TIP TIP TIP TIP
50 ROUPIES, ÇA FAIT COMBIEN EN EURO DÉJÀ ?
MERDE ! J'AI OUBLIÉ DE PRENDRE EN COMPTE LES TAXES D'AÉROPORT !
ET JUSQU'À LA VEILLE DU RETOUR.
JE SAIS POURQUOI J'AI UNE DIVISION PAR 0 : LE DÉCALAGE HORAIRE !
YES ! ÇA Y EST ! ÇA MARCHE !
EN FAIT, CET AVION ÉTAIT LE MEILLEUR CHOIX.
T'AS EU DU POT DE RÉSERVER LE BON !

24/Mac attack

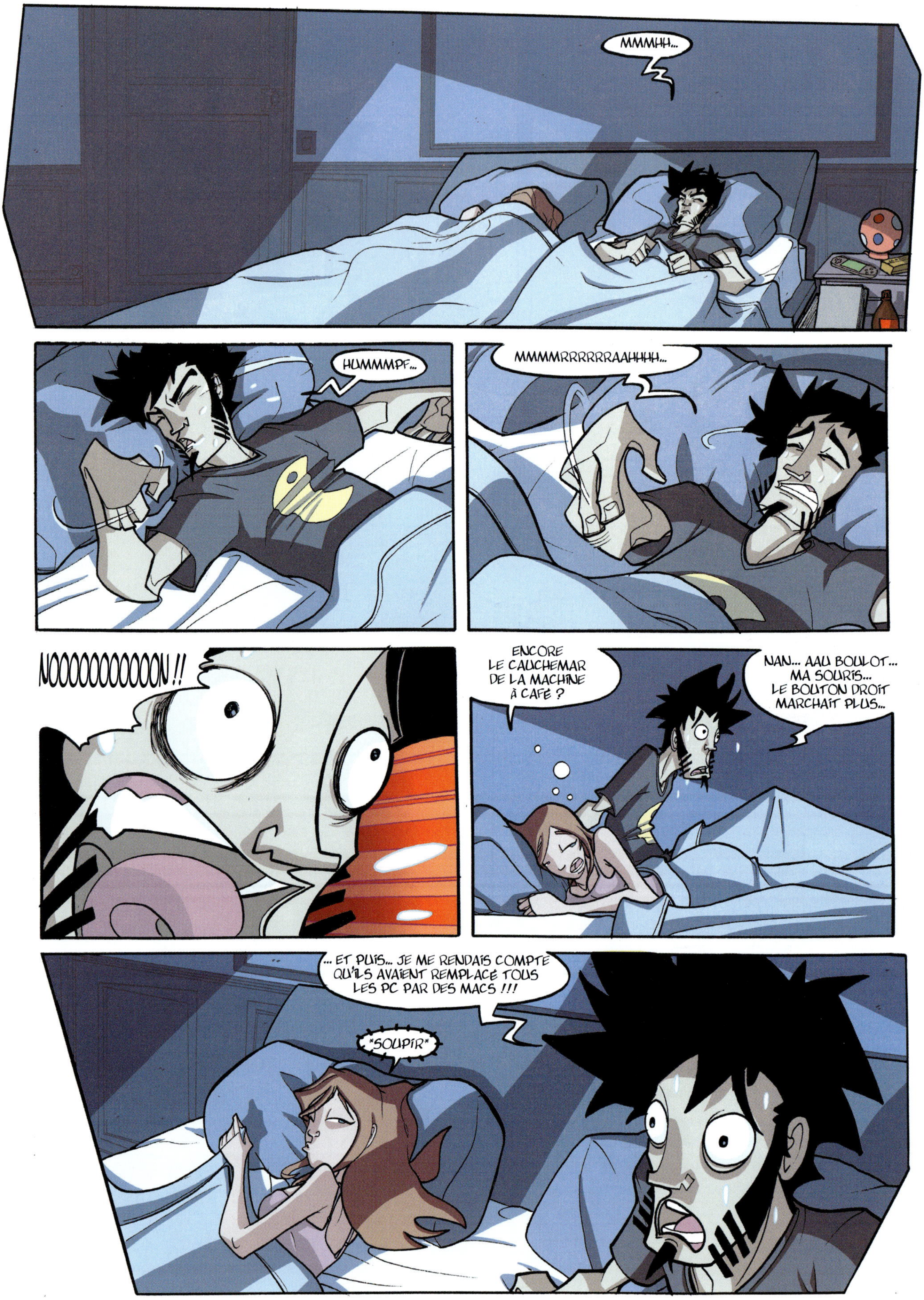

POUR LE DEBUGAGE, J'AI TROUVÉ LE TRUC QUI VA ME FAIRE GAGNER DU TEMPS.
LE PRINCIPE, C'EST DE TOUT AVOIR SOUS LES YEUX, LES CLASSES, LES PROCÉDURES, FONCTIONS...
WOUAH ! T'AS RÉUSSI À NÉGOCIER UN ÉCRAN 30 POUCES AVEC LE PATRON ?!
T'ES FOU !... ÇA SUFFIRAIT PAS !
NOOON, J'AI TOUT IMPRIMÉ EN COULEURS AVEC DU GRAS, DE L'ITALIQUE..
TOUT EST LÀ !
AH D'ACCORD... T'AS JUSTE ESSAYÉ DE NÉGOCIER UN TRÈS GRAND BUREAU, EN FAIT !
... SAUF QUE C'EST PAS ICI QUE TU EN AURAS UN !
FREEEEEEDDDD !!!!
C'EST LUI !
C'EST LUI !

Les Geeks
2008
x02